상해 지방 교회와
워치만 니의 순교 이야기

지방교회 진리변증위원회

지방교회 진리변증위원회는 워치만 니와 위트니스 리의 신약 사역 및 지방 교회들의 실행을 수호하고 확증하는 일에서 전 세계 지방 교회들 내의 한국어권을 대표합니다.

상해 지방 교회와
워치만 니의 순교 이야기

초판 인쇄 2024년 8월 8일
초판 발행 2024년 8월 19일

역은이 지방교회 진리변증위원회
펴낸이 이재욱
펴낸곳 (주) 새로운사람들
마케팅관리 김종림

© 지방교회 진리변증위원회 2024

등록일 1994년 10월 27일
등록번호 제2-1825호
주소 서울 도봉구 덕릉로 54가길 25(창동 557-85, 우 01473)
전화 02)2237-3301, 2237-3316　**팩스** 02)2237-3389
이메일 seekook@naver.com

ISBN　978-89-8120-665-9(03230)

상해 지방 교회와
워치만 니의 순교 이야기

지방교회 진리변증위원회 지음

새로운사람들

차례

서문

워치만 니(Watchman Nee)라는 이름에 대한 교계의 평가는 양극단을 달린다고 할 수 있습니다. 그러나 누구도 부인할 수 없는 한 가지 사실은 그가 중국 공산 치하에서 온갖 회유와 박해를 받았지만 자신의 신앙을 끝까지 지키다가 결국 순교했다는 것입니다.

워치만 니가 감옥에 갇혀 있던 이십 년 동안 그에게는 자신의 신앙을 포기하면 풀려날 기회가 몇 차례 있었습니다. 그러나 그는 그 모든 기회를 스스로 포기했습니다. 한 예로 〈Against the Tide〉를 쓴 앵구스 키니어(Angus Kinnear)는 1967년에 중국 공산 정부의 고위직이 중국은행 홍콩 지점에 미화 얼마를 입금하면 워치만 니와 그의 아내 장핀후이(張品蕙)가 중국 본토를 떠나는 조건으로 그를 석방해 주겠다고 제안했고, 워치만 니를 사랑하던 일부 믿는 이들이 그 금액을 마련했지만 워치만 니가 거절했음을 기록하고 있습니다(296쪽). 이처럼 워치만 니는 모든 안락한 기회들을 포기하고 주님께서 자신에게 정해 주신 십자가의 길을 죽기까지 고수했습니다.

생전에 그가 쓴 〈영에 속한 사람〉과 약 백만 부 이상 판매된 〈정상적인 그리스도인의 생활〉 등은 지금까지도 수많은 추구하는 믿는 이들에게 고전처럼 읽히고 있습니다. 참고로 미국 뉴저지주의 스미스 하원 의원이 '**워치만 니의 공로를 치하하여**'라는 제목으로 미국 의회에서 연설하여 국회 의사록에 수록(제155권 워싱톤 2009년 7월 30일 No. 117)된 내용에는 이런 기록이 있습니다.

" '크리스챠니티 투데이'지는 최근에 워치만 니를 **이십 세기에 가장 영향력 있는 그리스도인 100인** 중 한 사람으로 추대했습니다. 워치만 니는 삼십 년 전에 죽었지만, 그의 생애와 일은 중국에 있는 수많은 개신교 그리스도인들에게 지속적으로 영향을 주고 있습니다. … 워치만 니가 죽은 후에 그의 둘째 처형의 손녀는 그의 몇 안 되는 유품을 수집하러 갔다가, 간수에게서 워치만 니의 침대에서 발견된 종이쪽지를 받았습니다. 그 종이쪽지에 적혀 있는 것은 워치만 니의 유언이라고 할 수 있을 것입니다. '**하나님의 아들 그리스도는 사람의 죄를 속량하기 위해 죽으시고 삼 일 만에 부활하셨다. 이것은 우주 가운데 가장 놀라운 사실이다. 나는 그리스도를 믿음으로 죽노라. 워치만 니.**' "

한편 유동근 목사는 최근에 자신의 아들이 대표로 있는 벧엘출판사를 통해 〈**워치만 니와 상해 지방 교회 ― 나의 잊을 수 없는 기억들**〉이라는 책을 번역하여 출판했습니다. 이 책은 릴리 슈(Lily Hsu)와 다나 로버츠(Dana Roberts)가 워치만 니에 대해 비판적으로 쓴 〈My Unforgettable Memories: Watchman Nee and Shanghai Local Church〉(2013)라는 영문 책자를 번역한 것입니다.

먼저 이 책은 신뢰성이 심히 의심되는 자료들을 조잡하게 편집하여 출판했음에도 불구하고 다음 세 가지 측면에서 국내 독자들의 관심을 끌 만합니다. 첫째는, 깊은 영성을 추구하는 이들에게 비교적 좋은 평가를 받고 있는 워치만 니라는 인물을 다룬다는 점입니다. 둘째는, 중국 공산당의 직간접적인 영향 아래 생성된 것이긴 하나 외부에는 철저하게 가려졌던 중국 공산화 이후의 워치만 니의 삶을 말한다는 점입니다. 셋째는, 유동근 목사는 책 출판 전부터 유튜브를 통해 여러 차례 이 책의 내용을 소개해 왔고, 특히 워치만 니가 부도덕한 일을 저질렀다고 저자가 주장하는 부분을 집중 폭로하는 식으로 독자들의 호기심을 유발해 왔기 때문입니다 (그러나 부록에 첨부된 자료는 릴리 슈가 워치만 니에게 피해를 입은 여인들이라고 거짓 주장한 두 자매가 그 시점 이후로도 계속해서 수십 년 동안 변함없이 워치만 니의 신실한 동역자였음을 보여 주고 있음).

독자들은 저자로 알려진 릴리 슈가 과연 누구인지 궁금할 것입니다. 그녀는 자신의 책에서 16세의 여고생 때인 1947년 9월에 상해(上海)* 교회에서 침례를 받았다고 주장합니다. 그렇다면 워치만 니가 1952년 4월에 공안에 끌려가 약 사 년 동안 아무도 그를 볼

---

* 이후로는 현대식 이름인 '상하이'로 언급함

수 없었기에 릴리 슈와 워치만 니가 직접 겹치는 기간은 불과 오년이 안 됩니다. 그러나 이 기간도 자세히 따져 보면 워치만 니가 중단했던 사역을 재개한 때가 1948년 초였고, 그 후에도 그는 동역자 훈련을 위해 상하이를 떠나 수개월씩 두 번이나 구링산 훈련센터에 머물렀습니다. 따라서 청년 시절에 몇 년 밖에 교회생활을 하지 않았음에도 불구하고 상하이 교회에 대한 전반적인 이야기는 물론 심지어 자신이 태어나기도 전의 일들을 직접 눈으로 목격한 것처럼 책을 쓰고 제목을 단 자체가 독자들에 대한 기만입니다.

한편 릴리 슈는 의대생일 때 중국 공안에게 끌려가 수개월 동안 **세뇌**를 당한 후, 워치만 니와 상하이 교회를 배반하고 군중대회에서 이들을 공개적으로 비판하면서 중국 전역에서 유명 인사가 되었습니다(그러나 같은 처지였던 또 다른 의대생은 협조를 거부하고 이십일 년간 감옥 생활을 함). 그 후 그녀는 자신의 신앙을 포기한 대가로 의대도 무사히 졸업하고, 훗날 미국으로 이민을 가서 의사로 유복한 삶을 살았습니다. 부록으로 첨부된 아마존에 올라 온 후기 중 일부는 **릴리 슈가 본인의 고백처럼 거의 평생을 무신론자처럼 살았고, 동료 믿는 이들과 교회를 배반한 자신의 과거 행적을 정당화하는 방편으로 워치만 니를 희생양으로 삼고 있다고 평가합니다.**

그녀가 쓴 책 내용의 대부분은 중국 공산당이 그 당시 유력한 교계 인도자들을 매장하기 위해 직간접적으로 관여하여 만들어 낸 거짓 자료들과 워치만 니에 대해 비판적이었던 일부 인사들이 사실 확인도 없이 자기의 주관적 관점을 밝힌 것들을 수집하여 편집한 것에 불과합니다. 이 점은 아마존에 소개된 아래와 같은 독자 후기들을 통해서도 일부분 알 수 있습니다.

"이 책에 포함된 정보를 사실로 받아들이는 독자는 1949년 이후의 중국 역사, 문화대혁명, 상하이 교회를 점령한 삼자애국운동(TSPM)에 대해 전혀 이해하지 못했다는 것을 의미한다."

"이 자서전은 워치만 니와 지방 교회에 대해 수십 년 동안 깊은 분노와 증오를 품고 있던 두 사람(릴리 슈는 1956년부터 그리고 다나 로버츠는 1980년부터)이 공동으로 노력한 결과물일 뿐이다. 이런 상태에서 객관적인 분석은 아예 불가능하다."

"나는 자료 조사 과정에서 릴리 슈가 그 당시 육 개월에 걸쳐 워치만 니를 비난하도록 압력을 받고 작업을 당한 두 명의 젊은이 중 한 명이라는 사실을 발견했다. … 1956년 중국 공산당 앞에서 한 그녀의 거짓 증언은 간접적이긴 하지만 교인들의 체포, 투옥, 공개적인 모욕, 고문, 죽음으로 이어지게 했다. 이것은 릴리 슈나 다나 로버츠가 언급하지 않은 사실이다."

"릴리 슈는 (부친이 국민당 정부를 지지하는) 반혁명 가문 출신이라는 오명에도 불구하고 의대를 졸업할 수 있었지만, (협조를 거부한) 쉬 페이리(Xu Feili)는 이십일 년간의 고된 노동에 시달렸고, 당연히 의사가 될 수 있다는 희망도 완전히 상실했다.”

“ <나의 잊을 수 없는 기억들>의 증거는 신뢰할 수 없는 출처에서 비롯되었을 뿐 아니라, 같은 사실을 단절된 방식으로 계속해서 반복하기 때문에 **황색 저널리즘의 냄새**를 풍긴다.”

“그리스도인이라고 하는 어떤 이가 아무 방어 수단이 없는 다른 그리스도인의 명예를 공개적으로 훼손하는 것은 참으로 슬픈 일이다.”

끝으로, 이 책은 주로 지방 교회 측의 한 형제가 **코람데오**라는 필명으로 개인 자격으로 작성한 내용을 본인의 허락을 받아 편집한 것입니다. 우리는 이 정도의 자료 제공을 통해서라도 유동근 목사 가족이 출판한 책 내용의 심각한 편향성과 오류를 바로잡을 기회를 제공하는 것이 워치만 니의 영성을 귀히 여겨 왔던 분들에 대한 최소한의 예의라고 생각합니다. 참고로 이 책을 펴낸 유동근 목사가 누구인지 궁금해할 독자들을 위해 위의 코람데오 형제가 작성한 **‘유동근, 그는 형제인가, 목사인가, 박사인가?’**라는 글을 부록으로 첨부합니다.

“우리는 많은 인내를 하고 환난과 궁핍과 곤경에 처하고 매를 맞고 감옥에 갇히고 난동을 당하고 … 영광과 모욕, 악평과 호평을 받았습니다. 그리고 우리는 미혹시키는 사람들 같으나 진실하

고, 알려지지 않은 것 같으나 유명하고, 죽는 것 같으나, 보십시
오, 우리가 살아 있고"(고후 6:4-9)

지방교회 진리변증위원회

1

워치만 니에 대한 간략한
소개와 평가

1장
워치만 니에 대한 간략한 소개와 평가

    그리스도 예수님의 신실한 종인 워치만 니는 태어나기 전부터 주님께 드려졌습니다. 그의 어머니는 아들을 바라면서 주님께 "제게 사내아이를 주신다면, 제가 그를 당신께 드리겠습니다."라고 기도했습니다. 그 후 오래지 않아 1903년에 워치만 니는 중국 푸저우(福州)에서 2세대 그리스도인 부모 밑에서 태어났습니다. 그는 아주 총명했을 뿐 아니라 비범한 학생이어서 초등학생 때부터 대학생 때까지 반에서뿐 아니라 전교에서 일등을 했습니다. 워치만 니는 어릴 적부터 복음에 대해 알았고, 예수님을 그의 주님으로 받아들인다면 반드시 그분을 절대적으로 섬겨야 한다는 깊은 깨달음과 확신이 있었습니다. 그리하여 열일곱 살 때인 1920년에 그는 주님을 일생을 다해 섬기겠다는 포부와 함께 구원받았습니다.

    워치만 니는 신학교나 성경 학교를 다닌 적이 없지만 성경뿐 아니라 영적인 사람들의 글을 추구하여, 하나님의 목적과 그리스도와 그 영과 교회에 대하여 뛰어난 인식을 갖게 되었습니다. 그의 초기 사역 동안 그는 수입의 삼분의 일을 들여서 팬턴(D.M. Panton), 고벳(Robert Govett), 펨버(G.H. Pember), 제시 펜 루이스(Jessie

Penn-Lewis), 오스틴 스팍스(T. Austin-Sparks), 다비(John Nelson Darby), 켈리(William Kelly), 매킨토시(C.H. Mackintosh)와 같은 그리스도인 저자들의 책들을 사 보았습니다. 그는 좋은 서적을 고르게 이해하고 분별하며 기억하는 데 아주 뛰어난 은사를 가지고 있었습니다. 워치만 니는 1세기의 고전적인 기독교 서적들을 포함하여 삼천여 권이나 되는 최고의 기독교 서적들을 읽고 그중에서 중요한 성경적 요점들을 모으고 정리했습니다. 그는 초기 그리스도인 시절에 옛 영국 국교회 선교사인 바버(Margaret E. Barber) 자매에게서 영적 지식뿐 아니라 많은 영적 함양과 온전케 함을 받았습니다.

워치만 니는 성경과 많은 영적 서적들의 도움과 바버 자매의 온전케 함을 통해 하나님과 하나님의 뜻에 대한 많은 계시를 얻었습니다. 특히 그는 이 과정에서 근본적인 깨달음을 얻었는데, 그것은 그리스도인이 되는 것이 완전히 신성한 생명의 문제라는 것이었습니다. 그래서 워치만 니는 그의 사역에서 일보다 생명을 더 주의했습니다. 그는 그리스도의 죽음과 부활의 주관적인 방면들을 보았습니다. 이것은 그가 그리스도와 함께 십자가에 못 박혔고 더 이상 그가 사는 것이 아니라 그 안에 그리스도께서 사신다는 것을 보았다는 것입니다. 또한 그는 그리스도의 죽음을 주관적으로 체험하기 위해 십자가를 져야 한다는 것을 깨달았습니다. 그리고 그는 부활하신 그리스도께서 그의 생명이 되신다는 것을 보았습니다. 게다가, 그는 그리스도의 몸인 교회가 단순히 부활하신 그리스도의 확대와 확장과 표현임을 보았고, 그리스도께서 부활 안에서 교회의 생명이자 내용이 되신다는 것을 보았습니다. 이것은 워치만 니의 영적 깨달음이 더욱 전진했다는 것을 의미합니다. 워치만 니가 주님에게서 받은 계시를 볼 때, 우리는 그가 진실로 이 시대의 신성한 계시의 선견자였음을 알 수 있습니다. 그는 주님에게서 두 가지 부담과 위임을 받았는데, 그것은 주 예수님에 대한 특별한 증거를 지니는 것과 각 도시에 교회를 세우는 것입니다.

워치만 니는 주님의 사역을 위해 많은 고난을 당했습니다. 그는 가난과 질병과 믿는 이들의 반대와 이십 년의 힘든 감옥 생활을 겪었습니다. 그가 받은 깊은 계시와 많은 고난은 주님께서 그에게 맡기신 위임인 그리스도와 교회에 관한 유일한 새 언약의 사역을 가져왔습니다.

워치만 니는 믿음으로 살았고 교회 건축을 위한 주님의 사역으로 완전히 점유된 하나님의 사람이었지만, 괴팍하거나 금욕적인 삶을 살지 않았습니다. 그는 1934년 삼십 세의 나이에 주님 안에서 자매 된 장핀후이(張品蕙)와 결혼했습니다. 주님은 그들에게 자녀를 주시지 않았습니다. 그 후 그는 어떤 필요로 인해 1939년에 그의 동생의 제약 회사의 운영을 돕기 시작했습니다. 그 회사에서 얻은 이익으로 그는 여러 그리스도인들의 필요를 돕고 훈련 센터를 구입하였습니다. 나중에 그는 주님의 사역의 일을 위해 공장까지 주님께 드렸습니다.

그의 초기 사역 때 위트니스 리라는 젊은 믿는 이가 그와 함께하여 이십 년간 함께 수고했고 그의 가장 가까운 동역자가 되었습니다. 1949년에 공산당의 출현으로 워치만 니는 위트니스 리를 대만으로 보내어 그리스도와 교회에 관한 자신의 사역을 계속하게 했습니다. 워치만 니는 주님께서 그를 중국 대륙에 남아서 그분의 증거를 지키고 교회들을 돌보게 하신다고 느꼈습니다. 1952년에 공산당이 그를 체포했는데, 그 당시까지 중국 대륙의 약 사백여 곳의 지방에 교회들이 세워졌고 동남아시아에는 약 삼십여 곳의 지방에 교회들이 세워졌습니다. 한편, 위트니스 리의 사역 아래서 대만에 있는 교회들은 증가하고 번창했습니다.

워치만 니는 그리스도에 대한 믿음과 지방 교회들에 대한 영향력으로 인하여 공산당으로부터 '반혁명분자'로 분류되어 이십 년간 투옥되었고, 감옥에서 1972년 5월 30일에 그가 사랑하고 목숨을 다해 섬겼던 주님의 품에 안식했습니다.

워치만 니에 대한 좀 더 자세한 이력은 첨부된 '부록 1 워치만 니의 연대표'를 참고하시기 바랍니다.

2
마오쩌둥 시대의
국가와 교회 간의 갈등

2장
마오쩌둥 시대의 국가와 교회 간의 갈등

워치만 니의 투옥 과정과 순교에 대한 부분을 서술하기 위해서는 당시 시대 상황에 대해 알 필요가 있습니다.

이와 관련하여 Joseph Tse-Hei Lee 교수(미국 평화대학교)가 2008년에 쓴 아래와 같은 논문이 우리에게 도움을 줄 수 있을 것입니다. 참고로 이 논문은 마오쩌둥 시대(1949-1976년)에 교회와 국가 사이의 갈등 사례 두 가지를 다루었습니다. 하나는 워치만 니의 '적은 무리' 운동이고, 다른 하나는 중국 광둥성의 침례교와 장로교 상황입니다. 지면 사정상 그 당시 시대 상황을 설명한 부분 일부와 워치만 니 관련 내용 일부만 번역하여 소개하겠습니다. 전문은 https://dialnet.unirioja.es/descarga/articulo/3065919.pdf, https://www.localchurch.kr/truth/47622를 참조 바랍니다.

"세계정세의 변화는 중국의 그리스도인들에게 영향을 미쳤다. 한국전쟁이 발발하자 중국 정부는 모든 가톨릭교와 개신교의 외국인 선교사들을 추방했다. ⋯ 한국전쟁이 한참이던 중에 서양 선교사들을 규탄하기 위해 '기독교 삼자

개혁운동 반미원조 준비위원회'가 결성되었다. 일련의 규탄 캠페인 후에, 준비위원회는 1954년 여름에 개최된 제1회 전국 기독교 대회를 후원했고, 여기서 Wu Yuzong이 삼자애국운동을 조직하도록 의장으로 임명되었다. … 십 년이 채 안 되어 삼자애국운동은 중국의 선교 시대를 종식하였고, 공산주의자들이 교회를 장악하기 시작했다. … 마오주의 국가에 대한 절대적인 충성이 요구되는 엄청난 압박 속에서 정치적인 중립은 선택 사항이 아니었고 교회는 제한된 범위에서만 존재할 수 있었다."

"워치만 니와 적은 무리(Little Flock) 운동: 이 운동은 20세기 초에 가장 영향력 있는 중국 개신교 설교자였던 워치만 니(1903-1972년)의 가르침과 사역에서 시작되었다. 1903년에 태어난 워치만 니는 삼 대째 성공회 집안에서 자랐다."

"1949년 이후에 적은 무리에 속한 이들이 국가가 통제하는 삼자애국운동에 가입하는 것을 꺼리면서 마오주의 국가와의 정치적 동일시가 이슈화되었다. 자신들의 기독교적 정체성을 확인하면서, 적은 무리 기독교인들은 신성한 것을 전하는 것과 마오주의 이데올로기를 긍정하는 것, 국가에 복종하여 정치적인 안정을 꾀하는 것과 끝없는 정치적 캠페인이 쇄도하는 가운데 국가에 저항하는 것 사이에서 자신들이 분열되어 있음을 발견했다. 일부 적은 무리 회원들은 국가에 협력하기로 결정한 반면, 다른 회원들은 거부했다. 하지만 어느 쪽이든 정치에 휘말리는 상황이 되었다.

국가와의 긴장과 갈등으로 말미암아 그들은 마오주의 시대 내내 쉽게 공격 대상이 되었다."

"추방되기 전에 많은 중국내지선교회(CIM)와 미국 장로교 선교사들은 워치만 니가 중국에서 그의 전도 사업을 계속하기로 결정했기 때문에, 그들의 교회 재산을 적은 무리에게 넘겼다. 그 결과 적은 무리는 중국 서부의 윈난(雲南)성으로 확장되었고, 중국 중부 저장성에 있는 열 개의 CIM 회중과 그들의 목사들을 흡수했다. 이러한 기독교 공동체를 수용하기 위해 워치만 니는 그들이 서로 다른 형태의 교회 관리와 예배를 유지하도록 허용했다." … "재정적 제약과 정치적 고립으로 인해 많은 선교 단체와 지역 교단은 기관을 유지할 능력이 없었지만, 적은 무리와 연합을 형성하면서 1949년 이후에도 살아남을 수 있었다. 그들은 생존을 위해 이러한 동맹을 만들었고, 목표는 삼자애국운동에 의해 이러한 지역 교회가 점령당하지 않도록 하는 것이었다."

"공산주의 국가는 적은 무리의 급속한 발전을 의심과 분노로 보았고, 워치만 니를 반대할 음모를 꾸몄다. 1951년 9월에 난징 회의에서 네 명의 적은 무리 성도들은 워치만 니를 반동주의자라고 비난했다. 이에 대응하여 워치만 니는 반비난 캠페인을 시작했고 친정부적인 적은 무리 회원들을 징계했다. 그러나 일 년 후 그는 체포되었다. 1956년에 그는 반혁명분자로 기소되어 국가에 대한 일련의 범죄로 기소되었다. 그는 십오 년 형을 선고받고 1972년 노동 수용소에서 사망했다."

"1952년에 워치만 니가 체포된 후 적은 무리 지도자들은 국가의 박해에 대응하고 기독교 모임을 재건하기 위해 몇 가지 전략을 채택했다. 첫 번째 전략은 친정부 회원들을 추방함으로써 적은 무리 회중의 내부 결속을 강화하는 것이었다. … 두 번째 전략은 삼자애국운동에 도전하는 것이었다. 그들은 모두 삼자애국운동의 지도자들이 주최하는 종교 행사와 정치 모임에 참석하기를 거부했다. 이 반삼자운동은 삼자애국운동의 정당성을 훼손하고 공산 정부의 공동전선정책을 위협했다."

"세 번째 전략은 … 적은 무리 지도자들이 각 분야 전문가들인 성도들에게 친구와 동료들에게 복음을 전할 것을 촉구했다. 또한 적은 무리는 마오의 농지개혁과 대중운동의 희생자들, 즉 주로 상류층, 지주, 자본가, 국민당 관료들에게도 전도했는데, 이는 적은 무리가 구원의 약속과 설명으로 쉽게 호소할 수 있었기 때문이다. 이러한 결과로 적지 않은 국민당원, 관료, 자본가, 지주 등이 이 운동에 가담하게 되었다. 1954년부터 1955년까지 후난(湖南)성 안양 모임은 1563명에서 2467명으로 증가했다."

"그러나 이러한 초기 성공은 수명이 짧았다. 공산주의 국가는 1950년대 후반에 적은 무리에 대해 공격적인 전국 캠페인을 시작했다. 1956년 1월에 워치만 니는 간첩 행위, 방종, 교회 자금을 훔친 혐의로 고발당했다. 한편으로 교육 기관, 산업 기업 및 정부 부서에서 적은 무리 성도들을 제거하기 위해 추가 노력을 기울였다. 전국에 걸쳐 적은 무리 지도자들 대부분은 국가에 반하는 범죄로 체포되어 기소되었다."

"적은 무리가 공개적으로 활동을 재개하기 시작한 것은 1978년에 중국이 외부 세계에 개방될 때였다. 교회와 국가의 격렬한 충돌로 특징지어지는 적은 무리와는 달리, 다음의 사례 연구는 차오저우(潮州)의 개신교 공동체와 마오주의 국가는 병립할 여지가 많다는 것을 보여 준다."

위 내용은 마오쩌둥의 통치 시대에 모든 서양 선교사들이 추방되는 상황에서도, 워치만 니와 적은 무리는 희생을 각오하고 믿음을 지켰음을 증언해 주고 있습니다. 즉 그들은 (1) 친정부 회원들을 추방하고, (2) 삼자교회에 가입하지 않도록 다른 단체와 연대했고, (3) 그 상황에서도 가능한 모든 수단을 활용해서 복음을 전했습니다. 결국 이것이 중국 공산당 정부의 탄압을 가져왔고, 워치만 니를 포함한 거의 모든 교회 인도자들은 투옥되고 일부는 옥사하게 되었습니다.

우리가 어떤 길을 가고 어떤 행동을 할 것인지는 각자의 선택에 달려 있습니다. 그러나 우리 모두는 다음의 성경 말씀의 경고에 귀를 기울여야 합니다. "그런데 그대는 왜 그대의 형제를 판단합니까? 왜 그대의 형제를 업신여깁니까? 우리는 모두 하나님의 심판대 앞에 서게 될 것입니다.”(롬 14:10)

3

워치만 니에 대한
탄압을 모의한
기밀문서 공개

3장

워치만 니에 대한 탄압을 모의한 기밀문서 공개

    워치만 니가 1952년 4월에 공안에 불법 체포되고, 1956년 6월에 중국 공안에 의해 끌려나와 백여 명이 참석한 법정에 출두해 재판을 받기까지 만 사 년 동안, 그가 당했을 혹독한 고난을 아는 사람은 아무도 없습니다. 아래 기밀문서는 그 당시 중국의 약 백만 명의 그리스도인들 가운데 약 십 퍼센트를 차지했던 '지방 교회(적은 무리)'와 그 단체의 주된 인도자였던 워치만 니를 제거하기 위한 계획을 담은 것입니다. 마오쩌둥이 최고 책임자였던 중앙위원회는 이 보고서대로 즉각 시행하도록 허락했습니다.

출처:
https://banned-historical-archives.github.io/articles/b77518273e/

중국 공산당 중앙위원회, '기독교 모임 장소' 탄압에 관한 종교 사업위원회 성명 전달 반혁명분자에 관한 중앙위원회에 보고 1955. 12. 25

상하이국, 성 및 시 당위원회, 자치구 당위원회, 국가기관 당위원회, 중앙정부 부처, 인민단체 당위원회, 국가기관 당위원회, 중앙공산당 직속 당위원회:

'기독교 집회소'에 숨어 있는 반혁명분자들에 대한 탄압에 관한 중앙종교사업위원회의 보고서를 중앙정부는 전달받았고, 중앙정부는 이 보고서에 동의하며 즉시 시행하기를 희망합니다.

첨부:
'기독교 집회소'에 숨은 반혁명분자들에 대한 단속 문제를 다음과 같이 보고한다.

1. '기독교 집회소'는 '적은 무리'라고도 한다(이하, '적은 무리'). 삼십 년 이상의 활동 이력이 있다. 이들은 제국주의의 직접적인 영향과 지원 아래 설립된 반혁명 세력이 통제하는 종파이다. 항상 스스로를 '독립 교회', '지방 교회'라고 광고해 왔다. 사실 이 교회는 제국주의와 정치적, 경제적, 조직적으로 긴밀한 관계를 맺고 있다. 상하이를 본부로 하고 전국에 10개 이상의 지부를 두고 있다. 교회는 각지에서 교회 활동을 지휘하고, 그 활동을 지원하기 위한 경제적 기반으로 많은 종교 사업체를 분산적으로 설립하기도 한다. 그 내부 조직은 매우 엄격하다. 현재 전국의 '적은 무리'에는 870개 이상의 집회소와 팔만 명 이상의 신자가 있으며, 그들은 23성 280시와 군으로 분포되어 있으며, 개별 장소가 아주 빨리 발전한다. 각지 교회의 지도부는 대부분 반혁명 세력에 의해 통제되고 있고, 신도들 사이에도 상당수의 반혁명 세력

이 숨어 있다. '적은 무리'의 지도부 핵심은 실제로 인민 정부에 반대하고 국가 건설을 훼손하며 종교적인 외투를 입는 반혁명 그룹이 되었다.

지난 몇 년 동안 그들은 내부적으로 적극적으로 통합하고 조직을 발전시키고 청소년과 어린이에게 독 먹임을 강화했으며 다양한 방법을 사용하여 중국 국가 기관, 학교, 병원, 산업 및 광업 기업에 침투하여 농촌 지역과 국경으로 확장했다. 우리의 업무 기반이 약한 소수자 영역에 종종 소문과 반혁명 연설을 퍼뜨리고, 공산당과 인민 정부를 악의적으로 공격하고, 불화를 일으키고, 이전의 사회 개혁 운동을 방해하고, 신자들이 사회주의 건설에 참여하는 것을 막고, 우리 당과 풀뿌리 조직을 붕괴시키기 위해 음모를 꾸미고 있다. 상하이를 비롯한 여러 곳에서 제국주의자들과 장강산 도적단에 대한 첩보 활동을 직접 한 사실도 밝혀졌다. 저장(浙江) 진화(金華) 현의 '적은 무리'는 산적들이 조직한 소위 '저장성인민반공구국군'과 결탁해 무장 반란을 일으켰다. 그들은 한때 '10년 안에 중국 전체를 정복한다'는 오만한 구호를 내세우고, 소위 '이주'를 통해 전국적으로 반혁명 세력을 확대하기 위해 음모를 꾸몄다. 이것으로 볼 때 이 종파의 활동은 명백한 반혁명적 음모를 가지고 있으며, 제국주의자들과 장강산 도적들이 우리를 대항하기 위해 사용하는 도구이며 사회주의 건설의 적들이다.

과거 여러 곳에서 '적은 무리'는 반혁명 활동에 항거했고, 특히 '5반' 시기에 전국의 '적은 무리' 지도자인 워치만 니가 범죄 혐의로 체포됐다. 5독(五毒)을 내세우고 최대 제약 기업인 생화학 공장을 인수하여 제약 공장을 비롯한 8개의 공장에 일격을 가했다. 그러나 과거의 이러한 투쟁은 여전히 단편적인 지역에 한정되어 있었고 '적은 무리'의 반혁명분자들은 큰 타격을 받지 못했고, 그들의 반혁명활동은 여전히 만연하였다.

전국의 반혁명분자들을 탄압하는 현 정세는 우리가 '적은 무리'의 반혁명분자들을 제거하기 위한 계획 투쟁을 벌이는 데 매우 유리하다. 대중이 동원되었기 때문에 적은 동요하는 모습을 보였고, 우리는 이미 그들의 범죄에 대한 많은 증거를 파악했으며, 이미 기독교에서 애국 세력을 형성했으며, 이미 망토를 뽑는 적과 전쟁을 벌였다. 종교와의 일부 투쟁 경험은 우리가 투쟁을 수행하고 투쟁에서 승리하는 데 유리한 조건이다. 물론 이 적은 여전히 완전히 축출되어야 한다. 지난 몇 년간의 정세는 반혁명 투쟁 전술을 알고 종교를 이용하여 대중을 속이는 데 능숙하며 상대적으로 교활한 적임을 보여 주었다. 그러므로 이 적에 대한 우리의 투쟁은 여전히 장기적이고 복잡하다.

2. 이 투쟁을 조직하기 위해 올해 8월 27일에 우리는 종교 사업과 정찰 사업을 담당하는 몇몇 주요 지방과 도시의 동지들을 베이징으로 불러 상황을 보고하고 이 문제를 연구했으며, 적극적으로 행동하기로 결정하고 준비 작업을 수행하고

있다. 11월 15일부터 18일까지 14개 지역에서 관련 동지들이 소집되어 각 지역의 준비 상황을 점검하고 지역에서 (아직 준비가 완료되지는 않았지만) 어느 정도 준비가 된 것으로 판단하여 올해 12월 말에 '적은 무리'의 반혁명 세력에 대한 계획적이고 집중적인 전국적 공격이 시작되어 내년 1월 말까지 완료될 것이다.

우리 투쟁의 총과업은 '적은 무리' 반혁명적영도집단을 철저히 괴멸하고, '적은 무리' 속에 숨어 있는 모든 반혁명분자들을 제거하는 것이다. 크게 나팔을 불어 '적은 무리' 반혁명분자들의 범죄를 폭로하고, 신도들을 위해 광범위하고 심도 있는 애국 교육을 실시하고, 상류층을 강하게 장악하고, 신도 대중을 단결시키고, 교회를 점차 반군이 통제하도록 전환시킨다. 물론 이러한 과업은 한 번의 투쟁으로 완성될 수 없고 길고 복잡한 투쟁의 과정을 거쳐야 하며, 이를 위해서는 몇 단계 또는 몇 번의 타격이 필요할 수 있다. 그러나 인민 앞의 투쟁은 여전히 중대한 투쟁으로 보아야 한다. 달성하기 위한 노력으로 첫째, '적은 무리'의 반혁명 지도자 그룹을 완전히 파괴하고, 둘째, 그 안에 있는 '적은 무리' 신자들을 조사하고 처리하며, 셋째, '적은 무리'가 운영하는 기업에 대한 이해를 강화한다. 그에 따라 상황을 분석하고 처리해야 한다. 이 모든 것은 선전과 교양 사업을 통해 이루어져야 하며, 신도들과 애국 엘리트들의 지지를 강하게 얻어야 한다.

3. 주요 검거 및 공격 대상은 다음과 같다: (1) 제국주의자와 장

강산 도적의 간첩 (2) '적은 무리'에 숨어 있는 다섯 방면의 반혁명분자와 활동적 반혁명분자. 정책 통제 면에서 반혁명 문제와 종교 문제를 엄격히 구분해야 하며, 반혁명분자를 탄압할 때 종교 문제와 연루되어서는 안 된다. 반혁명적 요소와 후진적 요소를 구별할 필요가 있다. 반혁명 세력에 대한 탄압을 위한 유연한 전략도 있어야 한다. 소환장을 발동하고 대중 투쟁을 동원하고, 동요와 뉘우침의 기미를 보이는 사람들은 최선을 다해 그들을 분열시키고 싸워야 한다. 체포해야 할 반혁명분자들을 한 번의 작전으로 모두 체포할 필요는 없고, 투쟁 정세의 전개에 따라 한 무리는 검거하고 한 무리는 보류했다가 차례로 처형할 수도 있다. 그렇게 하면 원수를 분별하고 상류층과 대다수의 신자를 얻는 데 더 적극적인 도움이 될 것이다.

4. 투쟁의 초점은: (1) 상하이, 푸저우(福州), 원저우(溫州), 창춘(長春), 산터우(汕頭), 베이징, 시안(西安), 란저우, 우한, 충칭 등과 같이 '적은 무리' 중앙 교회가 있는 도시들, (2) 저장(浙江), 푸젠(福建) 및 기타 해안 지방과 같은 '적은 무리'의 주요 활동 영역, (3) 국가 기관, 학교, 병원, 산업 및 광업 기업 및 기타 부서. 위와 같은 곳에서의 투쟁은 민족의 승리에서 매우 중요한 역할을 하므로 잘해야 한다. 단계적으로는 상하이, 강서(江蘇)성, 저장성, 푸젠성 등 핵심 지역은 12월 말에 동시 조치를 취하고 다른 지역도 병행 출범해야 한다.

5. 국가 기관, 학교, 병원, 산업 및 광업 기업의 '적은 무리' 신

자들은 투쟁 중에 조사를 받아야 하며 구체적인 상황에 따라 단계적으로 처리해야 한다. 우선 대중을 총동원하여 '적은 무리' 내의 반동 활동을 전면적으로 폭로하고 충분한 이성투쟁과 사상 해체를 도모하며 내부 폭동을 분투하여야 한다. 소수의 골수 반혁명분자들을 공격하는 데에만 집중하고, 대다수의 후진 신도들을 얻기 위해 힘차게 일을 잘해야 한다.

'적은 무리'의 일반 신도들은 반동적 입장을 주장하는 소수와 우리 나라 핵심 부처에 있던 사람들을 제외하고는 즉시 이동시켜야 하며, 나머지는 원래 자리에 남겨 조사를 계속해야 한다. 확실히 변한 '적은 무리'의 중추는 일반 부서에 쓰일 수 있고, 여전히 반동적 입장을 주장하는 '적은 무리'의 중추는 단호히 도태시켜야 한다. 우리는 정말로 그들이 필요하다. 고위 기술 인력은 감독하에 사용될 수 있다. 제거된 '적은 무리'의 반혁명분자는 내부 반혁명법에 따라 처리되어야 한다. 이러한 조사 후에 우리는 '적은 무리' 안에서 조직적이고 부적절한 종교 활동을 하는 것을 엄격히 방지해야 한다.

6. 윈난(雲南), 신장(新疆), 내몽골 등 소수 민족 지역에 침투해 활동하는 '적은 무리'를 엄격히 단속하고 본토로 돌려보낸다. 푸젠성, 저장성, 광둥(廣東)성 등 방어 요새 지역에 있는 '적은 무리' 교회를 몰아내고, 복잡한 해안 지역에 있는 '적은 무리' 교회를 통제해야 하며, 점차 교회를 통제해야 한다. 밀집할 때 현장에서 흩어지지 않고 은밀한 활동을 하지 않도록 방법에 주의를 기울여야 한다.

7. 종교의 반혁명분자들과의 싸움은 복잡한 정치적, 이데올로기적 투쟁이다. 이 투쟁에서 승리하려면 신자 대중을 강하게 쟁취하고 단결시키며 지도층을 분열시키기 위해 분투해야 한다. 신자 대중을 확보하는 열쇠는 종교 신앙의 자유를 효과적으로 보호하고 반혁명 세력과의 투쟁 문제와 신앙의 자유 문제를 구별하는 것이다. 그러므로 투쟁을 하는 동안 정상적인 종교 생활을 방해해서는 안 된다. 지도부 일부를 사전에 또는 투쟁 중에 계획적으로 체포해야 한다. 우리는 '적은 무리' 교회의 애국적인 상류층 성도들, 그리고 기꺼이 우리에게 가까이 다가와서 종교 활동을 주최하려는 상류층 성도들을 단호히 지원해야 한다. 중간에 있는 반원들이 합법적인 종교 활동을 하도록 해야 한다. 이 문제가 더 빨리 더 잘 해결될수록 우리에게 더 좋을 것이며 동시에 내부 차별화를 촉진할 수 있을 것이다. 반혁명분자들, 특히 왕밍다오 (王明道) 반혁명 파벌의 전국적인 탄압 아래 '적은 무리'는 흔들리고 일부 상급 분자들은 애국주의 편에 서서 더 가까이 다가가겠다고 표명했다. 이러한 상황은 우리에게 매우 유리하다. 그들의 동기가 무엇이든 그들은 기독교의 반제 애국 통일 전선을 수호하기 위해 분열과 투쟁에 이용되어야 하지만, 우리는 그들 중에 있는 나쁜 요소들에 대해 경계해야 한다. 그들이 사보타주* 활동을 하는 것을 발견하면 적시에 공격한다.

---

* 노동 쟁의 행위의 하나. 겉으로는 일을 하지만 의도적으로 일을 게을리함으로써 사용자에게 손해를 주는 방법이다.

8. 투쟁하는 동안 우리는 교회 안팎에서 대중을 선전하는 일을 잘해야 한다. 사회와 비평가들을 광범위하게 동원하고, 적들의 죄악을 철저히 폭로하고, 발생할 수 있는 모든 소문과 논평을 반박하고, 종교 정책과 반혁명 정책을 적극 추진하여, 종교인의 혼란스러운 사상을 점차 해명해야 한다. 대중의 애국 의식을 향상시키고 명확한 선을 그어야 한다. 적과 우리 사이의 경계, 각 기독교 교단의 목회자들과 신자들을 동원하여 이 투쟁에 참여하게 하고, 애국 세력의 역할에 각별한 주의를 기울여야 하지만 그들이 종파 분쟁에 휘말리는 것은 막아야 한다.

9. 계획적이고 은밀한 방식으로 '적은 무리' 교회의 지도력을 통제하고 향후 장기 투쟁의 필요를 충족하기 위해 '적은 무리'에 대한 이 작업은 공안 부서에서 별도로 계획한다.

10. 투쟁의 완전한 승리를 보장하기 위해 우리는 당위원회의 통일적 영도하에 모든 주요 영역에서 임시 지휘 조직을 구성하고, 공안부와 종교 사무부 간의 긴밀한 협력을 강화할 것을 제안한다. 이 투쟁에 참여하기 위해 모든 관련 기관을 동원해야 한다. 모든 지역은 이 작전에 대해 절대적으로 비밀을 유지해야 한다. 이 투쟁의 계획과 준비는 직접 관련된 인원에게만 전달할 수 있으며, 관련 없는 인원은 알 수 없다. 모든 위반 사항은 엄격한 징계 대상이 된다.

1955년 11월 24일

마오쩌둥 등 극소수의 중앙당 간부들만 알았던 이 기밀문서는 세월이 지난 후 어떤 경로로 인터넷에 공개되었습니다. 그 당시에 이 계획은 그다음 해 1월 30일에 워치만 니의 반혁명 집단을 공개 비판하기 위해 열린 군중집회 때 릴리 슈가 단독으로 워치만 니를 공개 비판했고, 이어진 또 다른 집회에서 릴리 슈를 포함한 총 열 명의 상하이 성도들이 워치만 니를 공개 비판하도록 내몰렸습니다. 이것은 1956년 2월 1일에 상하이에 있는 지방 교회의 동역자들과 장로들에 대한 대대적인 체포와 투옥을 통해 그대로 수행되었습니다.

아래는 위 번역문에 대한 중국어 원문입니다.

轉引自：
https://banned-historical-archives.github.io/articles/
b77518273e/

中共中央轉發宗敎工作委員會關於打擊隱藏在「基督徒聚會處」
中的反革命分子問題給中央的報告
1955. 12. 25

上海局、各省市委，自治區 黨委，國家機關各黨組，中央各部委，各人民團體黨組，國家機關黨委，中直黨委：
現將中央宗敎工作委員會關於打擊隱藏在「基督徒聚會處」中的反革命分子問題給中央的報告轉發給你們，中央同意這一報告，望即遵照執行。

附：
中央宗教工作委員會關於打擊隱藏在「基督徒聚會處」中的反革命分子問題給中央的報告

茲將關於打擊隱藏在「基督徒聚會處」中的反革命分子問題報告如下：

一、「基督徒聚會處」又名「小群」（以下簡稱「小群」），在我國已有三十多年的活動歷史。這是在帝國主義直接影響和支援下建立起來的一個為反革命分子操縱的教派。它一貫以「自立教會」、「地方教會」為標榜，事實上同帝國主義有者政治的、經濟的和組織上的密切聯繫，並以上海為首腦機關所在地，在全國設有十多個中心教會，指揮著各地的教會活動，還分散建立了許多教營企業，作為支援其活動的經濟基礎。其內部組織極為嚴密，現在，全國「小群」有八百七十多個聚會處，教徒八萬多人，分佈在二十三個省的二百八十至個市、縣，個別地方發展相當迅速。各地教會的領導權大多操縱在反革命分子手中，在教徒中也隱藏著相當數量的反革命分子。「小群」的領導核心，事實上已成為一個反對人民政府，破壞國家建設、披著宗教外衣的反革命集團。

幾年來，他們積極鞏固內部，發展組織，加強毒化青年、兒童，並以各種方法向我國家機關、學校、醫院、工礦企業內部滲入，向我工作基礎薄弱的農村和邊疆少數民族地區伸展。經常散布謠言和反革命言論，惡毒地攻擊共產黨和人民政府，挑撥離間，破壞歷次的社會改革運動，阻撓教徒參加社會主義建設，陰謀瓦解我黨，團基層組織。在上海等地還發現他們直接為帝國主義和蔣匪幫進行間諜特務的活動。浙江金華專區的「小群」勾結土匪組織所謂「浙江省人民反共救國軍」，企圖進行武裝叛亂。他們的野心很大，曾經提出要在"十年內打下全中國"的狂妄口號，陰謀以所謂"移民"的辦法，在全國各地擴展反革命勢力。由此可見，這個教派的活動具有明顯的反革命陰謀，他們是帝國主義和蔣匪幫利用來同我們進行鬥爭的工具，是社會主義建設的敵人。

過去各地對「小群」中的反革命活動曾經進行過若干鬥爭，特別是「五反」期間以「五毒」罪行逮捕了全國「小群」頭子倪柝聲，接管了它的最大的教營企業生化藥廠等八個工廠，給予了一定的打擊。但以往的這些鬥爭還是限於零碎的局部的，對「小群」中的反革命分子還沒有給予嚴重打擊，他們的反革命活動仍很猖狂。

目前全國鎮壓反革命的形勢，對我們有計劃地發動一次肅清「小群」中反革命分子的鬥爭極為有利。因為群眾已經有了動員，敵人已呈現某種動搖，我們已經掌握了他們很多罪證，在基督教中已經形成了一支愛國力量，加上我們已經有了同拔著宗教外衣的敵人進行鬥爭的一些經驗，這些都是我們開展鬥爭並取得鬥爭勝利的有利條件。當然，對於這個敵人仍必須作充分的估計。幾年來的情況說明：它懂得一套反革命的鬥爭策略，它善於利用宗教向群眾作欺騙，確是一個比較陰險狡詐的敵人，目前他們有了一定的警惕和準備。因此，我們同這個敵人的鬥爭仍然是長期的、複雜的，任何輕視和麻痹的思想，認為一次集體打擊就可以徹底解決問題，和忽視長期鬥爭的想法，都是不對的。

二、為了組織這一鬥爭，今年八月二十七日我們召集幾個重點省、市的管理宗教工作和偵察工作的同志來京彙報了情況，研究了這一問題，並確定積極進行準備工作。十一月十五日到十八日又召集十四個地區的有關同志開會，檢查了各地準備工作情況，認為各地己有了一定準備(雖還不夠十分充分)，打算今年十二月下旬在全國範圍內有計劃有重點的發動一次對「小群」內反革命分子的集中打擊，爭取明年一月底前告一段落。

我們鬥爭的總任務是：徹底摧毀「小群」反革命領導集團，肅清隱藏在「小群」中的一切反革命分子。大張旗鼓地揭發「小群」中反革命分子的罪行，廣泛、深入地開展對教徒的愛國主義教育，大力爭取上層分子和團結廣大教徒群眾，逐步地把由反革命分子操縱的教會變為從事正當宗教活動的愛國教會。這些任務當然不是一次鬥爭就可以完成的，需要通過一個長期複雜的鬥爭過程，可能需要經過幾個步驟或幾次打擊才能達到。但仍必須把民前的鬥爭看作是一次關鍵性的鬥爭。力爭做到：第一，徹底摧毀「小群」的反革命領導集團：第二，清查處理在我內部的」小群教徒：第三，加強對「小群」經營的企業的了解，分別情況加以處理。所有這些，都必須通過宣傳教育工作，大力爭取教徒群眾和愛國上層分子的支援。

三、逮捕打擊的主要物件是：(一)，帝國主義與蔣匪的間諜特務分子：(二)隱藏在「小群」中的五個方面的反革命分子；(三)堅持反動立場進行現行破壞活動的反革命分子。在政策的掌握上，要嚴格的區別反革命問題和宗教問題，在打擊反革命分子的時候，不要牽涉到宗教信仰問題上去。要區別反革命分子和落後分子以及被反革命利用的分子的界限。對反革命分子的打擊也要有靈活的策略，對堅快的反革命分子要逮捕法辦，對於可捕可不捕的反革命分子不要逮捕，可以用傳訊和發動群眾鬥爭的辦法子以打擊，對罪惡不大且有動搖悔悟表現的分子應盡力分化爭取。對應該逮捕的反革命分子也不必在一次行動中全部捕光，可以捕一批，留一批，看看鬥爭情況的發展，分批執行。這樣做會更加主動和有利於分化敵人，爭取上層分子和廣大教徒群眾。

四、鬥爭的重點是：(一)「小群」中心教會的所在城市，如上海、福州、溫州、長春、汕頭、北京、西安、蘭州、武漢、重慶等：(二)「小群」中活動的主要地區，如浙江、福建沿海等省：(三)國家機關、學校、醫院、工礦企業等部門。以上這些地方的鬥爭，對爭取全國勝利起著很重大的作用，必須搞好。在步驟安排上，上海、江蘇、浙江、福建等重點地區應於十二月下旬同時行動，其他地區相継發動。

五、對於在國家機關、學校、醫院、工礦企業內部的「小群」教徒，必須在此次鬥爭中加以清查，並根據具體情況逐步子以處理。首先應發動群眾，廣泛的揭露「小群」內的反動活動，進行充分的說理鬥爭與思想瓦解工作，爭取其內部起義。只集中打擊少數堅決的反革命分子，大力作好爭取多數落後教徒工作。

對於「小群」的一般教徒，除個別堅持反動立場的與在我要害部門的分子應即調離外，其餘仍留在原水崗位上繼續考察使用。對確有轉變的「小群」骨幹分子可以留在一般部門繼續使用；對仍然堅持反動立場的「小群」的骨幹分子應堅決清除，其中有些人可以勞動教養，但對其中確為我們需要的高級技職人員，可以進行監督使用：對清查出來的「小群」中的反革命分子應按內部肅反辦法進行處理。經過這些清查以後，應當嚴格防止「小群」在我內部進行有組織的不正當的宗教活動。

六、對於滲入到雲南、新疆、內蒙等少數民族地區進行活動的「小群」分子應嚴厲打擊，將其擠回內地。對福建、浙江、廣東等國防要塞地區的「小群」教會應子擠掉，對沿海複雜地區的「小群」教會能控制的應以控制，不能控制的應將其中的壞分子擠掉，並逐步控制其教會。在擠的時候應講究方式方法，防止他們就地分散，進行隱蔽活動。

七、同宗教中的反革命分子作鬥爭是一個複雜的政治鬥爭和思想鬥爭。取得這一鬥爭的勝利，必須大力爭取和團結廣大教徒群眾，爭取分化上層分子。爭取廣大教徒的關鍵，是在我們切實保障宗教信仰自由，從事實上把打擊反革命的問題和宗教信仰自由的問題區別開來。因此，在鬥爭發動的同時，必須使正常的宗教生活不致中斷。必須事先或在鬥爭過程中，有計劃的爭取一些上層分子。我們應堅決支援「小群」教會中的愛國的上層分子，及願意靠攏我們的上層分子，出面主持宗敎活動；如果沒有這樣人，即使是中間的落後的上層分子，也應該讓他們出面進行正當的宗敎活動。這個問題解決得愈早，解決得愈好，就愈對我們有利；同時更能促進其內部分化。在全國鎮壓反革命、特別是打擊了王明道、龔品梅反革命集團的聲勢下，"小群"內部發生動搖，某些上層分子表示要站到愛國方面來，靠攏政府，這種情況對我們很有利，不管其動機如何，均應當加以利用，進行分化爭取，以護大基督敎的反帝愛國統一戰線：但對其中的壞分子，應提高警惕，在發現他們進行破壞活動時及時子以打擊。

八、在鬥爭中對敎會內外廣大群眾的宣傳工作必須做好。必須廣泛動員社會與論，充分揭發敵人的罪惡，駁斥可能產生的一切謠言、謬論，大力宣傳宗敎政策和肅反政策，以逐步澄清敎徒群眾的混亂思想，提高他們的愛國主義覺悟，劃清敵我界限。必須發動基督敎各敎會的敎牧人員及敎徒參加這一鬥爭，特別注意發揮其中愛國力量的作用，但是應當防止他們捲入宗派糾紛。

九、為了有計劃地、秘密地控制「小群」敎會的領導，適應今後長期鬥爭的需要，必須加強對「小群」的秘密偵察工作的建設，這工作將由公安部門另行擬出計劃。

十、為保證鬥爭的徹底勝利，我們建議各主要地區應在黨委統一領導下組成臨時的指揮機構，加強公安部門與宗敎事務部門的密切配合，並動員各有關機關參加這一鬥爭。各地對這次行動必須絕對保守秘密，有關此次鬥爭的計劃和準備工作情況，只能向直接有關的人員傳達，不得讓無關人員知道，並須告誡所有參加工作的人員嚴守秘密，不得洩露，如有違犯，應受嚴格的紀律制裁。

以上意見，妥否，請批示。

1955年11月24日

4
투옥 중의 워치만 니

4장

투옥 중의 워치만 니

이 글은 워치만 니와 같은 감방에 있었던 우요치 형제가 워치만 니에 대해 쓴 것입니다. 이 글을 통해 워치만 니가 어떻게 감옥에서 생활했는지를 일부 엿볼 수 있습니다.

감옥에 있는 워치만 니(우요치(Wu Yo-Chi)가 씀)

사랑하는 형제자매님들, 저는 중국 상하이에서 왔습니다. 이름은 우요치(Wu Yo-Chi)입니다. 올해(2003년) 68세가 되었습니다. 저는 고등학교 교사였습니다. 마오쩌둥 정부 정책에 반대했다는 이유로 1960년에 반혁명분자로 낙인찍혔고, 칠 년 형을 언도받았습니다. 저는 동아시아에서 최대 규모의 감옥인 상하이 티란차오 감옥에 수감되었습니다.

니 형제님은 1952년에 체포되셨습니다. 그 후 그는 이 땅에서 사라진 듯했습니다. 그에게 무슨 일이 일어났는지 아무도 몰랐습니다. 주님을 찬양합니다. 주님께서 저같이 비천한 사람에게 긍휼을 베푸셨습니다. 그분은 저를 사랑하셔서 보존해 주셨고, 그 결과 감옥에 계셨던 워치만 니에 관한 모든 것에 대해 여러분에게 말할 수 있는 기회를 갖게 하셨습니다.

저는 총 구 년 동안(1963-1972년) 니 형제님과 함께 있었습니다. 우리는 중간에 약 이 년 정도 떨어져 있었습니다. 주님을 찬양합니다. 주님은 우리를 다시 만나게 하셨고, 니 형제님이 주님께 가시기 삼 일 전까지 함께 있게 하셨습니다. 이 기간 동안 간증할 만한 숱한 일이 발생했습니다. 니 형제님 역시 한 인간입니다. 저는 오늘 형제님의 인간적인 면에 대해 간증하고자 합니다.

1963년에 몇 가지 조정이 있어서 저는 니 형제님과 같은 층의 같은 그룹으로 옮겨졌고, 같은 감방에서 자게 되었습니다. 그때 이후로 우리의 관계는 깨어질 수 없는 것이 되었습니다.

티란차오 감옥은 매우 컸습니다. 모두 열 개 동의 건물이 있었습니다. 각 건물은 5층 높이입니다. 각 층마다 구십 개의 감방들이 있었습니다. 만일 감방 하나에 세 명이 있으면 각 건물은 천 명 이상의 죄수들을 수용하게 됩니다. 그러한 큰 감옥에서 수천 명의 사람들 가운데 한 특정인을 만나는 것은 쉬운 일이 아니었습니다. 저는 3호 감방에서 니 형제님을 만났는데, 이것은 주님의 주권이었습니다.

우리 감방 안에는 니 형제님, 저 그리고 스무 살의 청년이 있었습니다. 그 청년은 정신 이상 증세가 있어서 분명하게 말할 수 없었습니다. 그는 오직 "우-우-우"라는 소리를 낼 수 있었을 뿐인데 그 역시 반혁명분자였습니다.

사랑하는 성도님들, 저는 여러분에게 말씀드리기 원합니다. 제가 감옥에 들어갔을 때, 저는 니 형제님을 전혀 친근하게 대하지 않았습니다. 저는 그가 싫었습니다. 심지어 적대감을 가졌습니다. 경멸하기까지 했고, 말도 하고 싶지 않았습니다.

왜 그런 줄 아십니까? 그것은 그가 그룹 리더였기 때문입니다. 감옥에는 수감자들을 관리하는 그룹 리더들이 있었습니다.

제가 보기에 그들 모두는 간수들에게 아부했습니다. 그들은 정부 끄나풀들이었습니다. 다른 사람들의 형량은 점점 증가하는 동안, 그들은 자신들의 형량을 줄이려고 앞장서서 다른 사람들을 이용해 먹었습니다. 더구나 저는 제가 왜 감옥에 있는지 이유를 몰랐습니다. 저는 훔치거나 강도질하거나 사람을 죽인 적이 없습니다. 제가 한 일은 고작 몇 마디 한 것이 전부였습니다. 그런데도 저를 놓아주려고 하지 않았습니다. 어쨌든 저는 그가 두려웠습니다. 저는 그와 말하고 싶지 않았습니다. 우리 감방에는 세 명의 재소자가 있었습니다. 한 명은 정신 이상자였고, 다른 한 명은 니 형제님이었으며, 그리고 저였습니다. 그는 매일 무언가 기록하고 있었습니다. 그래서 저는 이렇게 생각했습니다. '만일 그가 나에 대하여 보고하지 않는다면 누구에 대해 보고하겠는가? 그런 상태에서 어떻게 내가 그와 대화하기를 원할 수 있겠는가?' 하루 스물네 시간 동안 저는 그와 한 마디도 하지 않았습니다. 그는 바로 문 옆에 기거하고 있었습니다. 왜 문일까요? 우리 감방은 폭이 약 1.5-1.6미터 정도였습니다. 제가 팔을 뻗으면 벽에 닿을 수 있었습니다. 길이는 약 2미터 정도였습니다. 삼면이 창이 없는 벽이었습니다. 앞에는 철문이 있었습니다. 문 근처에 약간의 불빛이 있었습니다. 니 형제님이 무언가를 쓸 때는 철문 옆에 앉아서 썼습니다. 배식과 물은 철문 바로 앞에 두어졌습니다. 문을 열 필요는 없었습니다. 다만 손을 뻗어 안으로 끌어당기면 되었습니다. 니 형제님이 문 옆에 앉아 있었기 때문에, 형제님이 모든 물품을 우리에게 전달했습니다. 나는 그에게 말할 필요도 없었고 결코 감사하지도 않았습니다. 그는 그것을 혼자 했습니다. 우리 사이는 아주 나빴습니다.

나중에 주님의 안배에 의해 어떤 일이 일어났습니다. 제 유일한 가족이라고는 아내뿐이었습니다. 그녀는 상하이에 있는 마리타임대학을 졸업한 후 고등학교에서 화학을 가르치고 있었습니다. 우리에게는 딸이 하나 있었습니다. 수감자들의 가족들은 한 달에 한 번 방문하여 물건을 건네줄 수 있었습니다. 제 아내는 저를 무척 사랑했습니다. 그녀는 매달 저를 찾아왔습니다. 저는 그녀가 여전히 가르치고 있다고 생각했는데, 사실은 그녀에게 어떤 일이 생겼습니다.

어느 날, 교장이 그녀에게 이렇게 물었습니다. "추 양, 내가 듣기로 당신 남편이 반혁명분자이고 지금 감옥에 있다면서요?" 그녀는 "예."라고 대답했습니다. 그는 "당신은 그와 이혼해야만 합니다."라고 말했습니다. 아내가 "왜요?" 하고 물었습니다. 그가 "그것은 정부 정책입니다. 반혁명분자들의 가족은 인민의 교사가 될 수 없어요. 당신 남편은 반혁명분자입니다. 그의 사상에 문제가 있습니다. 만일 당신이 그를 접촉한다면 어떻게 학생들을 가르칠 수 있겠습니까? 그러니 당신은 그와 이혼해야 합니다."라고 대답했습니다. 아내는 "제가 그와 결혼했을 때, 그는 반혁명분자가 아니었습니다. 그는 권투 선수였습니다. 그는 상하이를 대표해서 국제 대회에 나가기도 했습니다. 그는 결혼후에 반혁명분자가 되었습니다. 만일 제가 지금 그와 이혼하고 다른 사람과 결혼하면, 그 다른 사람도 나중에 반혁명분자가 되지 말라는 보장이 없습니다. 그러면 이혼하고 다시 결혼해야 하나요? 게다가 우리에게는 이미 딸이 하나 있고 저는 젊습니다. 만일 제가 다시 결혼하면 더 많은 자녀를 갖게 될 것입니다. 그것은 아이들에게도 좋지 않을 것입니다. 더구나 우요치 형제는 칠 년 형을 선고받았습니다. 저는 그를 기다릴 수 있고 계속 좋은 관계를 유지할 수 있습니다. 우리는 여전히 남편과 아내일 수 있습니다."라고 말했습니다. 아내의 말은 완벽했습니다. 교장은 더 이상 그녀와 다툴 수 없었습니다. 그러나 그들이 포기했을까요? 불가능한 일입니다. 조금 지나서 교장이 아내에게 "그 문제에 대해 결심을 했나요?" 하고 다시 물었습니다. 아내는 "그럴 일은 없습니다."라고 대답했습니다. 그래서 교장은 다시 "그렇다면 우리에게도 다른 방도가 없습니다. 이것은 정책입니다. 노동 허가증을 반납하세요. 만일 이혼하지 않으려거든 이 학교에서 나가야 합니다."라고 말했습니다. 당시의 상황은 지금과 완전히 달랐습니다. 아내가 일단 학교를 떠나면 직장을 잡을 수 없게 됩니다. 그녀 스스로는 아무것도 할 수 없게 되는 것입니다. 아내는 울면서 집으로 왔습니다. 앞이 캄캄했습니다. '앞으로 무엇을 할 수 있나? 무엇을 해서 먹고사나? 딸을 위해 무엇을 할 수 있나?' 아내는 집으로 돌아와 사람들을 붙들고 울었지만 누구 하나 위로해 줄 사람이 없었습니다.

나중에 그녀는 저를 면회하러 와서 모든 것을 말해 주었습니다. 저는 그것을 듣고 화가 났습니다. 그게 말이나 됩니까? 전 이미 이유 없이 반혁명분자로 수감되었고, 그들은 제 아내와 딸을 내버려두지 않았습니다. 아내가 "오늘 제 시계를 팔고 왔어요. 앞으로는 무엇을 해야 할지 모르겠어요."라고 말했습니다. 사랑하는 성도님들, 저는 어떤 나쁜 짓도 하지 않았습니다, 저는 민족주의자도 아니고, 스파이도 아니며, 지주도 아닙니다. 저 같은 반혁명분자가 있겠습니까? 저는 반혁명 전단지 한 장도 붙인 적이 없습니다. 어떻게 제가 반혁명분자입니까? 이해가 되지 않았습니다. 그러나 제가 뭘 할 수 있었겠습니까? 아내는 펑펑 울었지만 저는 눈물을 흘리지 않았습니다. 저는 적 앞에서는 눈물을 흘리지 말라고 가르쳤던 공산주의 정권과 공산주의자들 아래서 자랐습니다. 오늘 저는 눈물을 흘리지 않을 것입니다. 저는 여러분의 적이 아니기 때문입니다. 저는 공산주의를 지지했습니다. 공산주의자들이 정권을 잡았을 때, 저는 열두 살이었습니다. 저는 인민군을 환영했습니다. 하지만 공산주의자들은 저를 적으로 몰아붙였습니다. 오 분의 면회 시간이 금방 지나갔습니다. 아내는 아이와 함께 떠났습니다. 저는 그곳에 서서 그녀를 바라보았고 무엇을 해야 할지 몰랐습니다. 그녀가 저와 이혼을 해야 할지 말아야 할지 확신이 없었습니다. 갑자기 그녀가 뒤돌아보며 소리쳤습니다. "몸조리 잘하세요!" 지금도 그 소리가 귓가를 맴돌고 있고, 그것은 가슴 아픈 일이었습니다. 저는 아무것도 할 수 없었습니다. 뛰어나갈 수도 없었고, 그들과 싸울 수도 없었습니다. 그들이 우리를 고통스럽게 하도록 마냥 둘 수밖에 없었습니다.

저는 간수에게 떠밀려 제 감방에 넣어졌습니다. 저는 눈물을 조금 흘렸습니다. 우리 감방에는 책상도, 의자도, 침대도 없었습니다. 저는 벽에 기대서 눈물을 흘렸습니다. 그때 누군가가 제 손을 잡는 것을 알았습니다. 그건 바로 성 가신 니 형제님이었습니다. 저는 화가 났습니다. 그는 제가 가장 경멸하는 사람이었습니다. 저는 "제 손을 잡고 뭐하자는 겁니까?"라고 말했습니다. 저는 그에게 말조차 하고 싶지 않았습니다. 그의 동정심 따위는 필요 없었습니다. 그의 손을 뿌리치려고 했습니다. 저는 권투 선수였고 젊었습니다. 그는 늙었고 심장병을 앓고 있었습니다. 제가 할 것은 오직 그를 문에 부딪치게 미는 일이었습니다.

하지만 사랑하는 성도님들, 이상했습니다. 기적이 일어났습니다. 저는 손으로 밀 수 없었습니다. 니 형제님은 강하지 않았습니다. 그리고 전 적어도 세 번은 시도했으나 손으로 밀 수 없었습니다. 그때 니 형제님이 하는 말을 들었습니다. "요치, 그냥 우세요. 크게 우는 것이 더 낫습니다. 그럼, 기분이 더 나아질 겁니다." 이것은 정말 저를 감동시켰습니다. 왜냐하면 이 감옥의 정책은 감옥에서 울어선 안된다는 것이었기 때문입니다. 모든 수감자들이 우울하기 때문에, 만일 한 사람이 울면 온 감옥이 울음바다가 될 것이기 때문이었습니다. 그것은 재교육에 좋지 않았습니다. 저는 니 형제님이 제게 이렇게 말할 것이라고 생각했습니다. "요치, 울지 마세요. 울면 안 됩니다. 당신은 재교육을 받아야 할 필요가 있어요." 그는 그룹 리더였고 정부 편에 있어야 했습니다. 저는 정말 그가 제게 소리 내어 울라고 말할 거라고 생각지도 못했습니다. 이 일 때문에 그를 보는 시각이 바뀌기 시작했습니다. 그래서 저는 울부짖기 시작했습니다. 아무것도 신경 쓰지 않고 소리 높여 울었습니다. 심지어 간수들이 와서 저를 때리고 총으로 쏜다고 해도 상관없다고 생각했습니다. 제 가족이 이 상황에 이르게 되었는데, 제가 죽은들 무슨 상관이 있겠느냐 싶었습니다. 이상했습니다. 간수들이 오지 않았습니다. 나중에 저는 완전히 기진맥진했고, 니 형제님은 저에게 눈물을 닦으라고 수건을 건네주고 물을 주었습니다. 그때부터 저는 그와 대화하기 시작했습니다. 저는 그에게 제게 무슨 일이 있었는지 이야기해 주었습니다. 그리고 그는 기대 이상으로 솔직하게 자신과 자신의 가족에게 무슨 일이 있었는지 제게 이야기해 주었습니다.

이날부터 우리는 조금씩 대화를 나누게 되었습니다. 그는 제게 그가 아주 바빴었다고 말했고, 그가 그리스도인이라고 말했습니다. 그는 또한 제게 그의 아내가 그를 매우 사랑한다고 말했습니다. 그의 아내는 심각한 고혈압(140+/200이 넘는)이라고 알려 주었습니다. 그녀는 언제든지 죽을 수 있었습니다. 모든 것은 주님의 붙들어 주심과 긍휼이라고 했습니다. 그는 자신의 형기가 빨리 채워져서 출감하여 아내를 보기를 바랐습니다. 만일 그의 형기가 더 길어지면 그의 아내는 일찍 떠나고 그는 다시는 아내를 볼 수 없게 될 것이었습니다. 그의 아내는 남편의 사랑을 받는 아내였습니다. 그는 또한 제게 다른 많은 것도 이야기해 주었습니다. 그는 그리스도인은 나라의 지도자들을 반대하지 않는다고 했습니다. 왜냐하면 나라의 지도자들은 모두 주님에 의해 세워졌기 때문이라는 것입니다. 그는 제게 복음을 전하고 있었습니다. 그때 저는 생각했습니다. '난 내가 결백하다는 것을 안다. 지금 그도 결백한 것처럼 보인다. 그는 정부에 반대하지 않았는데 반혁명분자로 불리었다. 그는 정말 결백한 게 아닐까?' 그래서 저는 그에게 물

없습니다. "당신은 여전히 주님을 믿습니까?" 그는 "당신은 믿지 않지만 저는 믿습니다. 당신은 보지 못하지만 저는 봅니다."라고 말했습니다. 이것이 그가 한 말입니다. 이 말이 여전히 기억에 남아 있습니다.

이십사 년 전에 한 형제가 제게 면회를 왔고, 저는 그에게 이 기적을 말해 주었습니다. 저는 "난 지금도 이해가 가지 않습니다. 왜 내가 손으로 그를 밀 수 없었을까요? 난 강했고 그는 단지 저를 붙잡았을 뿐인데, 저는 그를 뿌리칠 수 없었습니다."라고 말했습니다. 이 형제는 "당신은 결코 손으로 밀 수 없을 것입니다. 주님께서 당신이 손으로 밀도록 놔두지 않으셨을 것이기 때문입니다."라고 말했습니다. 그때 저는 알게 되었습니다. 저는 비천한 사람인데, 주님께서 저를 찾으셨고 선택하셨다는 것을 알게 되었습니다. 그래서 저는 결코 손으로 밀 수 없었던 것입니다.

그때부터 저와 니 형제님의 관계가 좋아졌고, 우리는 서로 많은 대화를 나누었습니다. 다른 정신 이상자도 행복해졌고, 그곳에 서서 웃었습니다. 그는 내게 많은 이야기를 해 주었지만, 사실 저는 이해가 안 되었습니다. 기껏해야 오십 퍼센트 정도 알아들었습니다. 그러나 니 형제님은 모든 것을 이해했고, 제게 설명을 해 주었습니다. 이렇게 우리 셋은 곤궁하게 함께 살았습니다.

하지만 평화로운 시간은 오래 지속되지 않았습니다. 어

느 날 간수가 니 형제님을 불러냈습니다. 시간이 많이 흘렀습니다. 심지어 점심시간도 지났습니다. 저와 니 형제님은 이제 좋은 관계였기 때문에, 저는 그의 점심을 보자기로 싸두었습니다. 과거였다면 신경도 쓰지 않고 내던져 버렸을 것입니다. 그는 돌아와서 바닥에 앉았는데, 약간 화가 나 있었습니다. 나는 그에게 "무슨 일이십니까?"라고 물었습니다. 그가 "그들은 내가 나의 믿음을 버리기 원합니다."라고 대답했습니다. 내가 물었습니다. "동의하셨습니까?" "아니요." 그는 이어서 말했습니다. "그들은 내가 나의 믿음을 포기하기 원합니다. 만일 내가 동의하면 나를 집으로 보내주겠다고 합니다."

저는 말했습니다. "그런데도 동의하지 않으셨나요?" 그는 "네."라고 대답했습니다. 함께 불려갔던 다른 두 사람이 있었습니다. 그들 중 한 명의 이름은 랭이었고, 다른 한 명의 이름은 챙이었습니다. 랭은 상하이에 있는 큰 병원의 원장이었고, 챙은 지방의 시장이었습니다. 그들 두 사람은 가톨릭교회에서 두드러진 사람들이었습니다. 그에게 물었습니다. "그 사람들은 어땠습니까?" 그가 말했습니다. "그들 두 사람은 믿음을 포기했습니다. 곧 알게 될 것입니다." 곧 감옥 스피커가 켜졌습니다. 관리자가 방송했습니다. "지금 우리에게 두 수감자가 있습니다. 정부의 재교육을 통해서 그들의 생각이 바뀌었고, 그들은 자신의 과거 신앙과 반혁명 입장을 완전히 버릴 것입니다. 이제 그들이 말할 차례입니다." 이어서 랭과 챙이 말했습니다. 그들은 먼저 그들 자신을 비난했고, 그러고 나서 가톨릭교회가 제국주의 아래에 있는 정보국이고 반혁명적이라고 말하면서 가톨릭교회를 비난했습니다. 그들은 자신들이 속았지만 정부의 재교육을 통해 공개적으로 미신을 포기하고 이 반혁명 단체를 떠날 것이며, 완전히 뉘우친다고 말했습니다. 그들 둘은 울고 있었습니다. 그들의 말이 끝난 후에 관리인이 이제 정부의 승인하에 이들 두 사람이 일찍 석방될 것이라고 방송했습니다. 그들이 오늘 집으로 갈 수 있다고 했습니다.

사랑하는 성도님들, 우리가 이 방송을 들었을 때, 저를 포함하여 감옥 전체가 충격을 받았습니다. 니 형제님은 바로 제 앞에 있었고, 저는 그를 쳐다보고 있었습니다. "당신은 아내가 당신을 잘 대하고 서로 사랑한다고 불과 며칠 전에 말했습니다. 게다가 당신의 아내는 전혀 건강하지 않고, 당신은 그녀를 매우 그리워하고 있다고 했고요. 오늘 정부는 당신을 석방해 주려고 했습니다. 당신이 할 것은 다만 포기하겠다는 말 한마디만 하는 것입니다. 입을 열어 다만 그 말만 하면 집에 갈 수 있는데, 그렇게 하려고 하지 않았습니다. 당신은 도대체 어떤 사람입니까? 당신은 그 정도로 주님을 믿는 것입니까! 난 당신이 이해가 가지 않습니다."

자유는 소중합니다. 그날 인민 정부는 니 형제님에게 자유를 주려고 했지만, 그는 그것을 원하지 않았습니다. 주님을 위해서 니 형제님은 생명과 사랑과 심지어 자유까지 포기했습니다. 그는 주님을 사랑하고 주님을 아주 많이 믿었습니다. 나는 정말 깊은 인상을 받았습니다. 공산주의자들이 하는 것은 서서히 사람의 혼을 망치는 것이었고, 정말 니 형제님에게도 영향을 주었습니다. "당신이 포기하지 않기에 당신이 보는 앞에서 두 명을 석방할 것이다." 그러나 니 형제님은 끄떡도 하지 않았습니다. 그것은 그의 혼을 망치지 못했습니다. 그러나 저의 혼은 영향을 받았습니다. 저는 이 사람이 바보나 정신 이상자가 아님을 알았습니다. 그는 주님을 깊이 믿었기 때문에 그런 태도를 가진 것입니다. 예수님을 믿는 것은 좋은 것임에 틀림없었고, 저도 니 형제님처럼 예수님을 믿고 싶었습니다. 그때부터 저는 주님을 믿어야 한다고 느꼈습니다. 모두가 주님을 믿어야 합니다. 당신은 구속을 위해 주님이 필요합니다. 구원을 위해서 주님이 필요합니다.

어떤 성도들은 나에게 니 형제님의 어떤 책을 읽고 주님께 돌이켰냐고 물었습니다. 저는 주님을 믿기 위해 그의 글을 읽어 본 적이 결코 없다고 대답했습니다. 저는 그의 간행물을 읽었기 때문에 믿은 것이 아닙니다. 그를 알게 되었을 때, 저는 아직 믿지 않는 상태였습니다. 저는 그라는 사람을 읽고 나서 주님을 믿었습니다. 말로 하는 교육은 행동으로 하는 교육보다 영향력이 덜하다는 중국 속담이 있습니다. 저는 그의 행동을 보고 영향을 받아 믿었습니다. 니 형제님은 한 사람이었습니다. 저는 이 사람을 주관적으로 알았기 때문에 믿었습니다. 이 일은 제게 깊은 영향을 끼쳤습니다.

그러므로 저는 니 형제님을 통해서 그런 식으로 구원받았습니다. 감옥 안에서 니 형제님은 결코 우뚝 서서 손을 들고 이렇게 외치지 않았습니다. "친구들이여, 여러분 모두는 믿어야 합니다." 그러자 수천 명이 믿은 그런 일이 일어난 것이 아닙니다. 또한 니 형제님은 공산주의자들과 끝끝내 싸워서 감옥에서 영웅이 된 것도 아닙니다. 이것은 거짓말입니다. 그렇지 않았습니다. 그는 단순히 자기 믿음을 결코 포기하지 않았습니다. 우리는 진실을 말해야 하며, 저는 그리스도 안에서 여러분에게 진실을 말합니다. 저의 양심은 성령에 의해 감동받았고, 저는 양심에 따라 증언합니다.

우리가 두 번째 만난 것은 안후이성에 있는 바이마오링 강제 노동 수용소에서였습니다. 그곳에서 우리는 또 다른 오 년을 함께 머물렀습니다. 우리가 만났을 때 둘 다 감동받았습니다. 그는 이미 매우 약해져 있었고 나이가 들어서 간신히 걸을 수 있었습니다. 우리가 사는 곳은 식당에서 거의 육칠십 미터 정도 떨어져 있었습니다. 그리고 우리는 낮은 곳에 살았습니다. 식당은 도로 근처 위쪽에 있었습니다. 식당에서 뭘 얻으려면 두 개의 언덕을 넘어 길을 건너야 했습니다. 니 형제님에게는 그것이 불가능했습니다. 그래서 매일 저는 세끼를 그에게 가져다주었습니다. 어느 날 간수가 저를 사무실로 불러서 왜 매일 워치만 니에게 음식을 갖다 주느냐고 물었습니다. 저는 "그는 나이가 들었고 약합니다. 두 개의 언덕을 오를 수가 없습니다. 그를 돕기 위해 음식을 가져가는 것은 당연합니다.”라고 말했습니다. 하지만 그 간수는 심각한 어조로 말했습니다. “당찮은 말을 하지 마시오. 그는 아픈 척하는 것이오. 스스로 음식을 가져가라고 하시오. 당신은 다시는 그렇게 하지 마시오.” 그들이 니 형제님에게 고통을 주려고 하는 것이 분명했습니다. 그래서 저는 그들의 말을 듣지 않았습니다.

며칠 후에 저는 식당에서 음식을 가져가고 있었습니다. 거기 부엌에 있던 점원이 저를 불러 말했습니다. “간수가 알아차렸습니다. 아무도 워치만 니를 위해 음식을 가져가도록 허락하지 않습니다. 그는 직접 가져가야만 합니다.” 그래서 저는 그냥 제 방으로 돌아가서 니 형제님에게 모든 것을 말했습니다. 저는 그가 지식이 있는 사람이라는 것을 알았습니다. 그래서 그에게 뭔가를 해야 한다고 말했습니다. 저는 그의 옆에 앉아서 그의 의견을 기다렸습니다. 긴 시간이 지난 후에 그는 “나는 그저 모든 것을 순리에 맡길 뿐입니다.”라고 말했습니다. 저는 매우 놀랐습니다. “순리에 맡겨라.” “주권에 복종해라.” 이 말을 듣자 저는 걱정이 되었고 화가 났습니다. 어떻게 그렇게 말할 수 있습니까? “음식을 먹고 싶지 않으십니까?”라고 말하며 그와 말다툼하고 싶지 않아서, 저는 저의 음식을 나누어 주었습니다. 그때, (주님을 찬양합니다.) 주님은 저같이 어리석은 사람에게도 좋은 생각을 넣어 주셨습니다. ‘나는 (중국 수치로) 단지 오 그램의 음식을 얻어 오곤 했다. 이제 점원에게 오늘 내가 일을 많이 했으니까 일 그램이 더 필요하다고 말해도 될 것 같다. 식당에서도 그렇게 생각할 것이다.' 이렇게 해서 저는 니 형제님에게 이 그램을 나누어 줄 수 있었습니다. 그는 늙어서 그것으로도 충분했을 것입니다. 저는 사 그램을 먹었습니다. 평소보단 적지만 버틸 만했습니다. 매일 우리는 음식을 이같이 나누었고 결국 어려움을 통과했습니다.

1971년 어느 날 간수가 저에게 편지 한 통을 니 형제님에게 건네주라고 했습니다. 그 편지에는 그의 아내인 니 아주머니가 의자에서 떨어져서 갈비뼈가 부러졌다고 쓰여 있었습니다. 그녀는 현재 응급실에 있다고 했습니다. 저는 니 형제님에게 걱정하지 말라고 말했고, 동시에 상하이에 있는 가족 방문을 신청했습니다. 저는 그와 함께 갈 계획이었습니다. 니 형제님과 저는 둘 다 형량을 채운 상태였습니다. 하지만 1966년에 중국에 문화대혁명이 있었습니다. 수감자들 중 누구도 석방될 수 없었습니다. 그러나 정책에 따르면 우리는 일 년에 한 번은 가족들을 보름 동안 방문할 수 있었습니다. 저는 중대한 일이 집에 일어났으므로 우리가 가도록 허락받는 것이 당연하다고 생각했습니다.

처음에 간수는 니 형제님에게 고려해 보겠다고 말했습니다. 그러고는 이렇게 말했습니다. "당신은 심각한 심장병을 앓고 있고 심지어 잘 걷지도 못하는데, 어떻게 상하이로 갈 수 있겠소?" 니 형제님이 그들에게 내가 그와 함께 갈 수 있다고 말했습니다. 그러자 간수가 생각해 보겠다고 말했습니다. 우리는 이 주 동안 기다렸습니다. 다시 간수에게 물었을 때, 간수는 우리에게 심각한 얼굴로 말했습니다. "당신이 뭘 할 수 있겠소? 당신은 의사도 아니잖소. 게다가 당신의 아내는 이제 괜찮아지고 있는 중이오. 우리는 그렇게 알고 있소. 우리는 당신의 요청을 고려했지만 승인하지 않을 것이오." 니 형제님은 따지는 말을 한마디도 하지 않았고, 제가 그들과 말다툼하려는 것도 막았습니다. 우리는 그저 함께 방으로 돌아왔습니다. 그는 조용히 기도했습니다. 어떤 사람들은 그의 입술이 움직이고 있는 것을 보고 제게 물었습니다. "니가 기도하는 중이지요, 맞죠?" 저는 "아니요. 그는 그저 호흡 운동을 하고 있는 겁니다."라고 말했습니다. 간수도 제게 물었고 저는 똑같이 대답했습니다. 하지만 저는 니 형제님이 하루 종일 기도를 멈추지 않았다는 것을 알았습니다.

어느 날 저는 일을 마치고 돌아왔는데, 니 형제님의 얼굴이 눈물로 범벅이 된 것을 보았습니다. 니 자매님이 돌아가신 것입니다. 니 형제님은 매우 슬퍼하셨습니다. 저는 그에게 슬퍼하지 말고 장례 참석 허가를 다시 요청해 보라고 했습니다. 저는 이번에는 틀림없이 승인해 줄 것이라고 생각했습니다. 그러나 오래 기다렸음에도 승인하지 않았다는 것을 듣고 믿을 수가 없었습니다. 간수는 이렇게 말했습니다. "어쨌든 그녀는 죽었소. 당신이 간다고 무엇을 할 수 있겠소?" 사랑하는 성도님들, 누가 이보다 더 고통스럽겠습니까? 니 형제님의 마음이 무너져 내렸습니다. 그러나 그는 주님을 바랐고 주님 안에서 견고히 섰습니다. 그는 모든 것을 견뎠습니다.

니 형제님은 그의 온 일생 동안 주님을 사랑했고 큰 고통을 겪었습니다. 며칠 후에 그는 심한 고통에서 벗어났습니다. 그의 생활은 평소와 같아졌고 그는 매일 기도를 지속했습니다.

구 개월 후에 그는 바이윈산으로 옮겨졌습니다. 그곳은 그 성(省) 동쪽의 변두리였습니다. 심장병이 있던 니 형제님은 경운기 옆에 나란히 앉은 채 우리에게 작별을 고했습니다. 삼 일 후에 우리는 그가 세상을 떠났다는 소식을 들었습니다.

신체적으로 고통을 받는 것 외에도 니 형제님은 정신적으로 더 많은 고통을 받았습니다. 그는 이 모든 것을 겪었고, 일생에서 아무것도 얻지 못했습니다. 그러나 그는 주님을 얻었습니다. 그를 통해서 우리는 주님을 봅니다. 그는 그릇이었고, 이 그릇 안에 보배가 있었습니다.

오늘 여기에서 우리는 자유롭게 이렇게 외칠 수 있습니다. "주님, 당신을 사랑합니다." 중국에서도 여러분은 또한 이렇게 외칠 수 있습니다. "주님, 당신을 사랑합니다." 그러나 그때 공산 치하에서는 그렇게 할 수 없었습니다. 니 형제님은 온 일생 동안 주님을 사랑했지만, 이십 년 동안 제한 아래 있었습니다. 사람들은 그에게 "주님, 당신을 사랑합니다."라고 말하지 못하게 했습니다. 이십 년 동안 여러분이 "사랑하는 어머니, 어머니를 사랑합니다." 혹은 "아버지, 아버지를 사랑합니다." 혹은 "여보, 당신을 사랑합니다."라고 말할 수 없다는 것을 상상해 보십시오. 그것을 감당할 수 있겠습니까? 하지만 니 형제님은 그 모든 것을 견뎠습니다. 그러므로 세 번 외쳐 봅시다. "주님, 당신을 사랑합니다." "주님, 당신을 사랑합니다." "주님, 당신을 사랑합니다."

5

또 다른 희생자들

5장
또 다른 희생자들

　같은 공산주의자이지만 스탈린과 마오쩌둥의 통치 방식은 많이 달랐다고 합니다. 즉 스탈린은 반대 세력들을 즉결 처형하는 식의 공포 정치를 했다면, 마오쩌둥은 선전 선동과 회유로 상대의 영향력을 무력화하거나 자기 편으로 만들었습니다. 전해지는 말에 따르면, 마오쩌둥 당시에 중국 상하이에만 만 명 이상의 선동원이 활동했다고 합니다. 심리전에 능숙했던 이들은 워치만 니를 포함한 종교 지도자들을 그들의 성도들과 분리시키거나 아예 매장시키는 효과적인 방법을 너무나 잘 알고 있었습니다.

　그것은 첫째, 인도자가 간음 같은 부도덕한 일을 저질렀다고 조작하는 것입니다. 릴리 슈도 자신의 책에서 이 점을 인정했습니다. "정부의 주된 무기는 정치적으로 압력을 가할 뿐 아니라 워치만 니의 충격적인 사생활을 폭로하는 것이었다."(357쪽) 사실은 릴리 슈 자신도 이 전략을 통해 회유된 장본인이었습니다. 그러나 중국 공산당이 그 당시 제시한 증거물들에는 '(당사자를 알 수 없게) 여인의 머리 부분은 잘린 포르노물', '워치만 니 자필 자백서의 필적 위조', '증거물들 위의 워치만 니 서명 위조', '결핵으로 워치만 니가 생사를 오가는 투병 중에 죽을힘을 다해 〈영에 속한 사람〉세 권을 쓰는 동안, 그것도 십 년 연상의 동역자 자매를 반복적으로 간음했다'는 주장 등등 거짓말이 한두 가지가 아닙니다. 그러므로 릴리 슈와 같은 보조를 취하던 장시캉 형제는 후에 이런 점을 간파하고, 워치만 니와 관련된 부도덕한 내용 일체를 자신의 초고에서 삭제했습니다. 그 결과 그는 옥고를 치러야 했습니다.

둘째, 주님을 부인했다고 널리 선전하는 것입니다. 중국 공산당은 워치만 니가 투옥되어 있는 동안, 그가 신앙을 버렸다는 헛소문을 퍼뜨렸습니다. 따라서 그가 십오 년 형기를 마치고 풀려나려고 할 즈음, 신앙 포기 서류에 공개 서명을 요구했습니다. 워치만 니가 이런 제안을 거부하자, 그들은 형기를 늘리고 더 열악한 감옥으로 그를 이송하여 죽게 했습니다. 심지어 왕밍다오(王明道) 목사도 이런 회유에 굴복되어 주님을 공개적으로 부인하고 풀려나기도 했습니다(뒤에 그는 회개하고 다시 수감됨).

이제 아래에서 소개할 두 사례는 예전에 '천풍(天風)'에 기사화된 것으로서, 중국 내 교회 인도자들이 간음 행위를 했다며 공개적으로 매도한 사례입니다. 첫째 기사는 상하이 예수 가정(耶穌家廷, Jesus Family) 모임의 설립자인 찡디엔잉(敬奠瀛, 1890-1957년)에 관한 것이고, 둘째 기사는 자베이 교회의 목사인 황위신(Huang Yushen)에 관한 것입니다. 독자들은 아래 내용에서 그 당시 중국 공산당이 종교 지도자들을 매장하기 위해 내부자들을 회유하여 인도자를 공개적으로 고발하게 하고, 특히 부도덕한 일로 매도하게 하는 패턴을 볼 수 있을 것입니다. 그러나 최소한 추적이

가능한 예수 가정(http://jehoooshua.blogspot.com/2012/09
/1_2141.html?m=1)에 관한 객관적인 기록들은 아래 천풍 기사가
묘사한 내용과는 판이하게 다르다는 것을 알 수 있습니다.

상하이 예수 가정 개혁 과정
천풍 제366호(1953년 5월 18일)
(287페이지)

내가 알고 있는 찡디엔잉의 과거와 현재

　나는 원래 직업이 타올 직공이었다. 찡디엔잉은 나를 설득하여
예수 가정의 일원이 되게 했다. 그는 예수 가정은 완전한 자립 자
족 교회이고, 하늘의 왕국이 이 땅에 도래한 종말 때의 방주라고
말했다. 또한 만일 우리가 모든 소유를 판다면, 이 시대에 백 배
로 받고 오는 시대에는 영원한 생명을 얻는다고 했다. 그때 나는
찡디엔잉이 단지 하나님의 종일 뿐 아니라 거의 하나님과 같다고
여겼다. 나는 그가 말하고 전한 모든 것을 하나님에게서 온 것으
로 간주했다. 나는 기꺼이 그의 영적인 아들이 되어 그를 공경했
고, 그에게 순종하며 그의 말을 경청했다. 나는 거의 십칠팔 년을
그의 지배 아래 있었다. 산둥성 마쭈앙에 있는 옛날 예수 가정이
개혁된 이후, 찡디엔잉 등의 범죄 자료가 상하이 전시관에 전시
되었다. 나는 모든 전시물을 보았고 보고서를 들었지만, 내가 너
무나 찡의 가르침에 깊이 중독되어 있어서 찡이 어떤 범죄를 저
질렀다고 믿지 않았다. 상하이 예수 가정이 개혁되기 전에 나는
심지어 다른 사람들에게 이렇게 말했다. "개혁은 다만 한 사람을

인간 이하로 낮추는 것에 불과하다." 내가 그렇게 어리석은 말을 했던 것은 개혁의 의미를 제대로 몰랐기 때문이다.

개혁 기간 동안 나는 Zhao Bicheng 형제와 Li Xiuwen 자매에게 난징 예수 가정으로 가서 Li Lien 자매에게 결혼을 설득하도록 권면했다. 예수 가정은 이런 식으로 흩어져서 개혁을 피하고 재산을 유지할 수 있었다. 그러나 삼십오 일간의 교육을 받은 후에, 나는 찡디엔잉이 이전에 했던 것과 말한 것을 깊이 재고하게 되었다. 나는 예수 가정의 찡디엔잉과 나 자신이 매우 나빴다는 것을 깊이 깨달았다. 처음부터 찡디엔잉은 결코 예수를 참되게 믿지 않았다. 그가 마쭈앙의 예수 가정 개혁에 참여했을 때, 미 제국주의자인 Lin Meili를 추종하려고 예수를 믿었다고 고백했다.

그는 또한 Zhang Fengyun과 간통을 범했고, Zuo Shunzhen과는 마치 남편과 아내처럼 종종 관계를 가졌다고 시인했다. 그의 행동은 짐승과 같았다. 그가 다른 이들을 착취하고 억압하며 개인적으로 사악에 탐닉한 것은 지역의 폭력배들이나 지주들보다도 더 나빴다. 그는 복음을 위해서가 아니라 제국주의자들의 침공 수단과 매국노들과 간첩들과 지주들의 소굴로서 예수 가정을 창설했다. 찡디엔잉은 제국주의에 충성하는 개이자 피 없이 죽이는 사형 집행자였다.

그는 수년 동안 나를 모함했고, 팔십 세가 된 모친을 포기하고 자기를 숭배하라고 했다. 나는 그를 뼛속까지 미워한다. 예수 가정 같은 봉건적인 착취와 반동 조직은 결코 존재하지 말았어야 했다.

이제 나는 우리를 호의로 대해 주시고 우리의 고통을 돌봐 주신 마오쩌둥 의장님과 인민 정부와 삼자 준비 위원회에 감사드린다. 여러분은 상하이의 예수 가족이 재교육되고 혁신을 수행하도록 돕는 일꾼들을 보내 주어, 우리를 어두운 진흙 구덩이에서 해방되게 했다. 나는 이제부터 과거의 과오를 뉘우치고, 나의 비참함을 강함으로 바꾸겠다. 조국을 사랑하는 교육을 받아서 스스로를 쇄신하고 새로운 사람이 되겠다고 다짐한다.

마지막으로, 우리는 상하이 예수 가정을 해체하고 찡디엔잉을 교계에서 추방해 줄 것을 만장일치로 요청한다. 우리는 또한 인민의 정부가 찡디엔잉을 엄히 처벌해 주기를 요청한다.

더러운 것을 쓸어버리고 성전을 정결하게 하라
천풍 364호(1953년 5월 4일)
(253페이지)

우리는 이 잡지의 이번 호에서 중국 기독교 협회(ACCC) "관보" 25권 5호에 올라온 세 편의 기사를 재인쇄한다. 이 세 편의 기사는 상하이 중국 기독교 자베이(Zhabei) 교회의 목사인 황위신(Huang Yushen)의 처신을 폭로했다. 황위신은 이십 년이 넘는 동안 여성들을 모욕하고 농민을 억압하는 끔찍한 짓을 저질렀다. 이 기사들은 또한 중국 기독교 협회(ACCC)와 상하이 지구 및 북부 지부가 함께 참여하여 철저하고 상세하게 조사한 결과도 보도했다. 이 조사는 황위신이 저지른 심각한 범죄 행위와 중국기독교협회(ACCC)가 황위신을 엄격하게 처리했음을 확증했다. 이 사건은 전국에 있는 모든 동지들의 관심을 끌 것이다.

황위신이 여러 장소에서 여성들을 모욕한 행위는 참으로 충격을 준다. 우리는 황위신이 설교자임에도 불구하고 여성 신도들에게 지속적으로 굴욕감을 준 처신을 참을 수 없다. 황위신의 나쁜 행위는 고의적으로 반복되어 죄를 범하는 정도에 이르렀다. 과거에는 그의 악행을 교회에서 소수의 사람들만 분명히 알고 있었다. 중국인 교회들은 과거에 제국주의자들의 영향과 통제 아래 있었기에, 그런 범죄 행위에 맞서 싸울 의지가 없었다. 황위신의 범죄가 지난 이십 년 이상 드러나지 않고 또 처리되지 않아서, 그의 굴욕적이고 억압적인 행위로 피해를 본 이들은 필요한 지원과 구제를 받을 기회가 전혀 없었다. 반대로 황위신은 지난 이십 년 동안 '영성 있는' 설교자로 처신하며 여러 교회들에서 활발하게 활동했다. 옳고 그름, 선과 악을 분별하지 못하고, 위선적인 자들이 성전을 더럽히도록 방치한 우리 교회들의 과거 상황은 주 예수 그리스도를 믿는 모든 사람을 참으로 안타깝게 했다.

우리는 어떻게 신성한 위임을 무시한 황위신을 처리하였나? (254페이지)

우리 협회는 최근에 자신의 신성한 위임을 무시하고 심각한 범죄를 저지른 목사 한 명을 진지하고 책임감 있는 태도로 처리했다. 우리 협회의 상하이 지부 자베이 교회의 목사인 황위신은 사십오 세이며, 안후이성 펑타이현 출신이다. 그는 지주 집안 출신이고 어려서부터 사치와 매춘의 삶을 살았는데 ….

지속적으로 여성에게 굴욕감을 줌

그는 스무 살에 결혼한 뒤에 고향인 펑타이에 있는 한 교회의 설교자로 고용되었다. 그는 봉사를 시작한 지 얼마 안 되어 나쁘게 행하기 시작했다. 먼저 그는 여동생의 급우와 교제를 이어 갔다. 그의 태도는 경솔하고 천박했다. 그로 인해 그녀는 아버지에게 감금되어 자유를 잃게 되었다. 이 사건 이후에 황위신은 자신의 욕구를 만족시키려고 독립적인 자립 교회라는 미명 아래 '믿음과 사랑의 회사'라는 직조 공장을 세웠다. 그는 오륙 명의 여자 종업원을 고용할 자금을 마련했다. 공장 사장의 신분을 이용해 그는 아무런 제한도 없이 여자 종업원들과 대화하고 시끄럽게 소리 내어 웃으며 시간을 보냈다. 이런 상황에 대한 소문이 성안에 무성하게 퍼졌고, 마침내 누군가가 그에게 그것을 알렸다. 결국 그는 사업을 접고 성을 떠나야 했다. 이것이 그의 첫 번째 실패였지만, 이 실패는 그에게 교훈을 주지 못했다.

그는 1936년에 광저우로 가서 성경 학교 교사로 일했다. 일 년도 못 되어 온갖 일들이 발생했다. 그는 스스로 이렇게 자백했다. "그 기간 동안 내가 여자 동료 혹은 여학생과 혼자 있을 때마다, 그들에게 입을 맞추거나 껴안거나 애무하는 등, 그들에게 나쁘게 행동하곤 했다." 한번은 도서관에서 추근대다가 한 여인에게 얻어

맞아 안경이 바닥에 떨어져 거의 산산조각이 났다. 그는 이런 일로 며칠 동안 조심했지만, 예전과 같은 행동을 멈추지 않았다.

나중에 그는 고향으로 돌아갔다. 1940년에 쇼우군 교회는 그가 '전도가 유망한 젊은이였고, 현재는 약간 부적절한 행동을 했어도 나이가 들면 점점 나아질 것으로 여겨' 목사로 임명했다. 만일 그가 회개하여 과거의 모든 오명을 씻었더라면, 이것이 그의 인생에 전환점이 될 수 있었을 것이다. 그러나 그는 교만해졌고 다시 예전처럼 처신했다. 두 여인과 사건이 다시 불거졌고, 그는 강제로 사임하게 되었다. 그는 쇼우군을 떠나 보후(Bohu)읍으로 이사했다.

(255쪽)

1946년에 그는 상하이에 오자마자 자베이 교회의 목사로 임명되었다. 그는 자신의 교인들을 심방하는 동안 두 명의 여성 신자를 모욕했는데, 그중 한 명이 경찰에 신고했다. 그래도 그는 멈추지 않았다. 그는 다른 두 명의 여성과 부적절한 관계를 가졌다. 그가 자백한 바에 따르면, 그가 모욕한 여성은 무려 십팔 명이라고 하는데, 실제 숫자는 더 많다. 위 내용은 모두 본인이 자백한 것이다. 그가 드러내기를 원치 않은 몇 가지 심각한 사례들이 더 있었는데, 그것들도 결국엔 폭로되었다.

얀후읍에서 강간당한 후에 죽은 하녀 사건이 그 한 예이다. 사건의 전말은 이러했다. 황에게는 Cuifang이라는 하녀가 있었다. 남편은 Zhang씨 성을 가졌다. 1944년 5월 어느 날 밤에 그녀가 욕조에서 목욕하고 있었는데, 황이 그녀를 범하려고 몰래 들어갔다. 황의 아내가 현장에서 그를 붙잡았다. 하녀는 너무 부끄럽고 분하여 그다음 날 우물에 몸을 던져 자살했다. 그녀의 나이 이십세였다. 이 사건은 후에 중재로 해결되었다. 황은 책임지고 장례를 치러 주었고, 그녀의 남편에게 곡식 육백 근을 주었다. 황이 지역 유지였기에, 그 남편은 감히 다투려 하지 않고 서둘러 사건을 마무리했다.

이렇게 일관되게 여성을 모욕하고 위험에 빠뜨리는 '옷 입은 짐승 같은' 뻔뻔스러운 자를 어떻게 설교자라고 할 수 있겠는가?

6

워치만 니 아내의 반응과
그 당시의 근황

6장

워치만 니 아내의 반응과 그 당시의 근황

1956년 1월 29일에 상하이 교회의 대부분의 인도자들이 중국 공안국에 체포되었고, 그다음 날 종교국이 주최하는, 워치만 니의 죄상을 고발하는 군중집회가 열렸습니다. 그때 그들은 죄목에 워치만 니가 부도덕한 일을 저질렀다는 내용도 포함시켰습니다. 이때 누군가가 워치만 니의 아내에게 그녀의 느낌을 물었고, 그녀는 "하늘에서 더 높은 심판이 있을 것이다."라고 짧게 말했다고 합니다 ("She answered briefly: There will be higher judgment in heaven.").

1952년에 중국 공안들에 의해 끌려가 생사도 모르고 있다가 사년 만에 수천 명의 군중 앞에서 온갖 흉악한 죄명으로 '조리돌림'을 당하고 있는 남편을 보아야 하는 아내의 심정은, 당해 보지 않으면 알 수 없을 것입니다. 하지만 그런 엄청난 사건 이후에도 남편인 워치만 니에 대한 그녀의 사랑, 그리고 주님을 향한 그녀의 신앙은 죽음에 이를 때까지 한결같았습니다.

아래 내용은 워치만 니가 감옥에 있는 동안 그의 아내인 장핀후이(張張蕙, 체리티 장)가 어떻게 생활했는지를 장 자매의 둘째 언니의 손녀인 완샤오링이 증언한 것입니다.

(참고로 완샤오링은 워치만 니의 둘째 처형의 손녀이며, 워치만 니가 수감되어 있는 동안 워치만 니의 아내이자 자신의 둘째 이모할머니인 장핀후이의 주요 간병인이었음. 그녀는 중국어 원문에서 워치만 니를 '시아버지'로, 장핀후이를 '시어머니'라고 불렀지만, 혼동을 피하기 위해 한글 번역에서는 각각 '이모부 할아버지'와 '이모할머니'로 호칭함.)

완샤오링의 증언 — "워치만 니와 그의 아내의 마지막 두세 가지 사건을 기억하며"(1973년 4월)

"세상은 이런 사람들이 있기에는 적합하지 않았습니다."(히 11:38)
"우리 믿음의 창시자이시며 완성자이신 예수님을 주목합시다. 그분은 자기 앞에 있는 기쁨을 위하여 십자가를 견디시고 수치를 보잘것없는 것으로 여기셨습니다. 그래서 그분은 하나님의 보좌 오른편에 앉으셨습니다."(히 12:2)
"이 사람들은 큰 환난에서 나오는 사람들인데, 그들의 겉옷을 어린양의 피로 빨아서 희게 하였습니다."(계 7:14)

1966년에 시작된 문화대혁명은 중국 대륙에 있는 형제자매들에게 하나님께서 예비하신 용광로의 불이었다. 나의 이모할머니인 니 자매님은 젊었을 때 옌징대학 생물학

과를 졸업했고, 평생토록 니 형제님의 현숙한 내조자가 되었다. 이모부 할아버지(니 형제님)께서 투옥된 후 이모할머니도 투옥되어 심문을 받았고 출옥한 후에도 여전히 감시를 받았다. 문화대혁명 당시 이모부 할아버지로 인해 그녀는 '반혁명주의자'라는 낙인이 찍혔고 비인간적인 고문을 많이 당했다. 이모할머니는 몸이 매우 좋지 않았는데, 아주 심한 고혈압과 고혈압으로 인한 심장병을 앓고 있었다. 그러나 그녀는 시종 굳건한 마음으로 주님을 앙망하며 사지로 가는 양과 같이 끌려갔고, 털 깎는 자 앞에 있는 어린양과 같이 잠잠하여 입을 열지 않았다.

1966년 여름 어느 날 그녀는 한 무리의 홍위병들에 의해 한 작은 방으로 끌려가서 밤낮으로 온갖 심문과 고문을 받았다. 밖에 있던 우리는 욕설과 협박 소리가 뒤섞인, 가죽 띠로 몸을 치는 소리를 들었는데, 그것은 마치 우리 마음을 치는 듯했다. 그러나 우리는 이모할머니가 입을 열어 다른 소리를 내는 것을 듣지 못했다. 얼마 후 이모할머니는 풀려났는데, 그녀의 눈은 초록색 찐빵처럼 부어 있었고 몸의 여러 곳에도 상처가 나 있었다. 그 기간 동안 그녀는 여러 개의 안경이 깨졌고, 인간의 기본적인 인격마저도 무시당했다. 여러 차례 그녀는 사람들에게 희롱당하며 길가로 끌려다녔다. 한번은 다른 두 나이 든 자매와 함께 강제로 높이 들게 한 손에 신발을 쥐고, 머리에는 종이로 만든 뾰족모자를 쓰고, 가슴에는 명패를 달고 사람들에게 욕설과 능욕을 들으며 장시간 가만히 서 있는 벌을 받았다.

그 목적은 그들로 하여금 신앙을 포기하고 예수님을 믿지 못하게 하려는 것이었다. 그러나 몇 시간 동안 그 세 자매는 아무 말도 하지 않았다. 결국 홍위병들은 더 이상 참지 못하고 각각에게 "너희는 그래도 너희 예수를 믿겠느냐?"라고 물었다. 그들은 이구동성으로 "믿는다."라고 대답했다. 홍위병들은 그들에게 화를 내며 땅에 있는 구두 짝을 들어 그들의 몸과 머리에 던지면서, "그래, 너희의 돌 같은 머리로 너희 하나님을 만나 보아라."라고 말했다. 하나님께 감사드린다. 모든 환난 중에 하나님께서 그들과 함께하셨고 견고히 설 수 있도록 그들에게 힘을 주셨다. 그 일이 있은 후에 그들은 자신들이 당한 박해를 말할 때 기쁨이 충만하여 "우리는 주님의 이름을 위하여 모욕당하기에 합당한 사람들입니다."라고 말했다.

홍위병들은 집 구석구석에서 성경과 찬송가를 모두 찾아내어 가져갔다. 그러나 이모할머니는 온갖 방법으로 몇 권을 감추어 두었다. 한번은 어린아이들이 지붕 위에서 놀다가 지붕 밑에 감추어 둔 성경 두 권이 발견되어 심문을 받았다. 주님을 믿은 후, 나는 큰 부엌 뒤에서 작은 성경 한 권을 발견하여 기뻐서 어쩔 줄 몰랐던 적이 있었다. 그것도 이모할머니가 숨겨 놓은 것이었다. 성경이 매우 귀했던 시대에 하나님의 말씀이 담긴 이 작은 성경은 나에게 너무나도 소중했다.

이모할머니는 아침저녁으로 하루에 두 번씩 뒷골목을

청소하라는 명령을 받았다. 당시 그녀는 감옥에 갇히지는 않았지만, 감옥에 있는 죄수보다 더 비참하였고 모욕과 박해를 받았다. 행인들과 어린아이들까지도 그녀를 때리고 침을 뱉을 수 있었다. 이는 그녀가 모든 사람이 미워하는 '반혁명분자'였기 때문이다. 한번은 그녀를 비판하는 모임이 있은 후, 이모할머니는 나에게 "우리는 세상, 곧 천사들과 사람들에게 구경거리가 되었다(고전 4:9). 성경은 벌써부터 나의 운명을 결정지어 놓았다."라고 말했다. 모든 박해 중에 그녀는 인신공격을 받은 자리에서도 항상 묵묵히 쉬지 않고 기도했다. 그녀는 시종 주님을 의지하여 굳게 섰고 주님의 이름을 욕되게 하지 않았다. 날이 거듭되고 해가 거듭되는 동안 그녀를 본 사람들은 "흰머리 노파야!"라고 외쳤다. 사람들은 모두 은색 머리의 노파가 자신과 남편의 신앙을 위해 감시를 당하고 중노동을 하며 비인간적인 대우를 받는 것을 알고 있었다. 그러나 그녀는 주 예수님의 이름을 위해 모든 사람 앞에서 좋은 증거가 되었다.

1970년에 내가 농촌으로 강제 노동을 하러 갈 무렵에(그때 중학교를 졸업하면 다 농촌으로 내려가 농민이 되어야 했음), 이모할머니는 나를 위해 매일 기도했다. 1971년 봄에 내가 상하이를 떠나기 전 이모할머니는 눈물을 흘리면서 "주 예수님은 우리의 가장 보배로운 구주이시다. 어찌하든지 너는 주님을 굳건히 따라야 한다."라고 말했다. 농촌에 있는 동안 나는 주님의 놀라운 인도와 크나큰 은혜를 입었는데, 나는 이것이 이모할머니의 중보기도 덕택이라고 생각한다.

이모부 할아버지(워치만 니)가 1952년에 체포되기 전에 교회 일로 홍콩에 간 적이 있었다. 그때 많은 사람은 이모부 할아버지에게 본토로 돌아가지 말라고 권했다. 그러나 그는 "본토로 돌아가 형제자매들과 함께 있으라."라는 하나님의 부르심과 하나님께서 그를 위해 정하신 길, 곧 '나의 앞길은 들림받는 것이 아니면 순교이다'에 대해 매우 분명했다. 홍콩에서 돌아온 지 얼마 안 되어 그는 붙잡혀 상하이의 티란차오 감옥에 투옥되었다. 1967년에 그의 십오년 형기가 끝났을 때, 정부는 그에게 신앙을 포기했다는 내용이 담긴 문서에 공개 서명할 것을 요구했다. 왜냐하면 그들은 외부 사람들에게 워치만 니가 신앙을 포기했다는 유언비어를 퍼뜨렸기 때문이다. 그러나 이러한 시험이 그에게 또 무엇을 할 수 있었겠는가? 주님은 그에게 너무나 보배로우시다. 주님에 대한 충성 때문에, 그는 '인간의 자유'를 포기하였다. 감옥에서 십오 년 형을 마치고 나서도 그는 기꺼이 주님을 위해 죄수가 되려고 했다. 그때의 공개 서명을 거부한 것은 더 큰 박해를 가져왔다. 이모부 할아버지는 두 명의 악한 범죄자와 함께 감옥에 갇히게 되었는데, 그들의 임무는 니 형제님이 신앙을 포기하도록 하는 데 있었다. 니 형제님을 더 심하게 학대할수록 그들은 더 큰 공을 세우게 되어 있었다.

옥중에 있는 한 사람에게 들은 바에 따르면, 이모부 할아버지가 입은 솜으로 만든 조끼를 그들이 여러 조각으로 찢어 버렸다고 한다. 이모부 할아버지는 신앙을 포기하지 않겠다는 태도를 표명함으로써 더 많은 고통을 당했다. 그들은 이모부 할아버지의 형기가 차도 자신들의 목적이 이루어지지 않자 비밀리에 이모부 할아버지를 상하이 근교에 있는 칭푸현 칭동 노동 교화소로 이감하였다. 이 기간 동안 이모할머니는 이모부 할아버지를 한 번 볼 수 있도록 허락받았다. 그러다가 갑작스럽게 소식이 끊어져 수개월 동안 연락이 닿지 않았다. 나중에 알게 된 것은 이모부 할아버지가 더 고통스러운 곳인 안후이의 깊은 산속에 있는 바이마오링 노동 교화소로 이감되었다는 것이다.

1971년 11월에 이모할머니는 뇌졸중으로 돌아가셨는데, 이 일 전에 이모할머니는 이모부 할아버지와 연락이 가능했다. 그러나 한동안은 편지 연락조차도 허락되지 않았으므로, 그 당시 이모부 할아버지의 사정을 아는 사람이 없었다. 이모할머니가 뇌졸중에 걸린 후 돌아가실 때까지 정확히 삼 일밖에 걸리지 않았다. 이것 또한 세상에 있을 때 그녀가 주님께 구한 것이었다. 그녀는 매우 심각한 고혈압으로 인한 심장병을 앓았기 때문에 결국 자신이 뇌졸중으로 죽을 것을 알았고, 뇌졸중이 발생한 지 얼마 안 되어서 빨리 주님께 갈 수 있기를 바랐다. 이렇게 될 때 다른 사람을 괴롭히지 않고 장시간의 고통도 당하지 않을 수 있기 때문이다. 주님께서 이모할머니의 기도를 들어주시고 그 갈망을 이루어 주신 것으로 인해 감사드린다. 뇌졸중으로 혼미하게 될 때부터 세상을 떠날 때까지의 시간은 정확히 삼 일이었다. 병원에 있는 동안 이모할머니는 매우 평안했으며 아무 고통 없이 주님께 가셨다.

이모할머니가 돌아가신 후 우리는 이모부 할아버지에게 즉시 그 소식을 전하지 못했다. 이는 이모부 할아버지가 심장이 매우 약했기 때문에 그 소식으로 인한 타격을 감당치 못할까 봐 보류했던 것이다. 한 달이 지나고 나서야 이모부 할아버지에게 편지를 띄웠다. 그러나 이모부 할아버지는 이모할머니의 병환이 위독해질 때부터 돌아가실 때까지 예감이 있으셨는지 편지에서 항상 이모할머니의 건강을 물어보았다. 편지에서 이모부 할아버지는 빨리 감옥에서 나와 이모할머니와 함께 있으면서 병중에 있는 그녀를 수발할 수 있기를 간절히 바랐다. 큰 이모할머니(니 자매님의 맏언니)와 손녀가 1972년 초에 안후이성으로 이모부 할아버지를 만나러 갔을 때 그의 심장병이 극히 악화된 것을 알았는데, 이모할머니의 별세는 그의 마음을 아프게 했다. 왜냐하면 그때 이모부 할아버지와의 왕래가 유일하게 끊어지지 않은 사람은 바로 이모할머니였기 때문이다. 사후에 같은 감방에 있던 한 동료 수감자의 말에 의하면, 이모부 할아버지는 형기를 마치고 출감하면 이모할머니와 항상 함께 있기를 갈망했다고 한다. 그는 이모할머니의 건강이 좋지 않은 것을 알고 편지에 이렇게 쓴 적이 있다. "내 형기는 내 아내의 생명과 경주를 하는 듯하다. 만일 그녀가 살아 있는 동안 내가 나갈 수 있다면, 그녀를 잘 섬기겠다. 이는 그녀가 나로 인하여 너무 많은 고통을 당했기 때문이다."

이모부 할아버지는 투옥되기 전에 교회 봉사로 전국 각지를 바삐 다녔었다. 투옥된 후 순식간에 이십 년이라는 세월이 지나가는 동안, 그들 부부가 함께 있었던 날은 손가락으로 셀 수 있을 정도였다. 이모부 할아버지가 붙잡힌 후, 그들(공산 정부)은 그를 모함하기 위해 끔찍하고 날조된 많은 혐의를 조작하여 그를 무고히 음해하였다. 당시 많은 형제자매들이 그들에게 속았다. 그러나 이모할머니는 그를 제일 잘 알았기 때문에 나에게 이렇게 말했다. "그(워치만 니)에 관해 그들이 말한 일들은 모두 존재하지 않는 일들이다(婆婆说: "他们说他的这些事，都是根本没有的.")." 남편 때문에 그녀는 사람으로서는 받을 수 없는 치욕을 수없이 당했다. 티란차오 감옥에 갇혔을 때, 이모할머니는 매월 한 차례 소량의 음식과 일용품을 이모부 할아버지에게 전해 줄 수 있었다. 칭동 농장으로 이감된 후에도 이모할머니는 그를 한 번 만나 보았지만, 그 후로는 얼굴을 볼 기회가 없었다. 이모할머니의 별세로 인하여 이모부 할아버지는 매우 괴로워했다. 같은 감옥에 있던 사람들로부터 그가 여러 날 동안 슬픔에 잠겼었다는 소식을 들었다. 4월 22일에 이모부 할아버지는 큰 이모할머니에게 보낸 편지에서 "나의 기쁨을 여전히 유지하고 있습니다."라고 말했다. 수년간의 압박과 박해도 그를 낙심케 하지 못했다. 이는 그가 앙망하는 분이 그를 영원히 실망시키지 않으시는 우리 하나님이시기 때문이다.

1972년 6월 우리는 농장으로부터 이모부 할아버지가 별세했다는 소식을 들었다. 내가 큰 이모할머니와 농장으로 달려갔을 때, 이모부 할아버지는 이미 화장되었고 그의 유해밖에 볼 수 없었다. 그의 감방 동료는 우리에게 이렇게 말했다. 당시 그의 심장병은 매우 심하게 발작하여 위독하게 되었는데, 그들은 그를 경운기에 실어서 농군들이 쓰는 모자 하나를 씌우고 사십 리 밖에 있는 농장병원으로 끌고 갔다. 그것은 건강한 사람조차도 견딜 수 없는 일이었다. 그런데 그들은 진동을 가장 피해야 할 심장병 환자를 그렇게 데려갔다. 바로 이렇게 이모부 할아버지는 병원으로 가는 도중에 별세하였다.

세상을 떠나기 전 그의 베개 밑에는 아주 떨리는 손으로 쓴 몇 줄의 글을 담은 쪽지가 있었다. 그 내용은 이러하다. "하나님의 아들 그리스도는 사람의 죄를 속량하기 위해 죽으시고 삼 일 만에 부활하셨다. 이것은 우주 가운데 가장 놀라운 사실이다. 나는 그리스도를 믿음으로 죽노라. 워치만 니." 농장 간부가 이 쪽지를 우리에게 보여 줄 때 나는 주님께 이 말씀을 내 마음에 기억할 수 있게 해 주시기를 기도했다. 노동 교화소의 간부들은 그가 많은 노트에다 소위 '반혁명 일지'를 썼다고 했다. 이것은 옥중에서 진리에 대해 그가 새롭게 얻은 빛이었다. 하나님께서 특별히 보존하지 않으셨다면 그 중요한 원고들은 감옥에서 빼낼 길이 없을 것 같다.

감방 동료 중 한 사람이 그에 관한 여러 가지 상황을 우리에게 알려 주었는데, 이모부 할아버지가 아직 세상에 있을 때 친구 중 한 사람을 위해 끊임없이 기도하였고, 이모부 할아버지가 별세한 지 얼마 안 되어 그가 구원을 받고 주님께로 돌아왔다고 했다.

이모부 할아버지는 돌아가셨다. 그러나 그는 피에 젖은 면류관을 죽을 때까지 신실하게 짊어지고 주님께로 갔다. 하나님은 비록 살아서 아내와 함께 있고자 했던 그의 마지막 소원을 이루어 주시지 않았지만, 주님은 그들에게 더 좋은 것—그들이 주님 앞에서 함께 만나는 것—을 예비하셨다. "이 사람들은 모두 믿음을 간직한 채 죽었습니다. 이들은 약속하신 것을 받지는 못하였지만 그것을 멀리서 바라보고 반겼으며"(히 11:13). "그러므로 하나님은 그들의 하나님이라 불리시는 것을 부끄러워하지 않으셨습니다. 왜냐하면 하나님께서 이미 그들을 위하여 한 성을 예비하셨기 때문입니다."(히 11:16)

그들은 많은 순교자들처럼 하나님께서 그들의 하나님이라고 불리신 이기는 이들의 무리였고, 이 세상에 있기에 합당치 않은 사람들이었다. 지금 그들은 안식에 들어갔으나 그들의 기도와 열매는 항상 하나님께 받아들여져 끝없는

효과를 내고 있다. 또한 그들의 발자취는 우리가 더욱 주님
께 충성하도록 우리에게 영감을 준다.

위 간증문에서 보듯이, 워치만 니의 아내인 장핀후이 자매님은
주님 품에 갈 때까지 중국 공산 정부가 지어낸 말들을 믿지 않았
고, 변함없이 워치만 니를 사랑했습니다. 워치만 니와 구 년 동안
같은 감방에 있었던 우요치 형제는 자신의 간증문에서 워치만 니
역시 아내를 변함없이 사랑했음을 증언하고 있습니다. 즉 워치만
니는 자신에게 '그의 아내가 그를 매우 사랑한다'고 말하면서, "아
내가 심각한 고혈압(140+/200이 넘는)이라 형기가 빨리 채워지고
나가서 아내를 보살피기를 간절히 원한다."라고 말했다고 했습니
다. 그는 또한 "어느 날 저는 일에서 돌아왔고, 니 형제님의 얼굴
이 눈물로 가득 찬 것을 보았습니다. 니 자매님이 돌아가신 것입니
다. 니 형제님은 매우 슬퍼했습니다."라고 적었습니다.

7

상하이 교회의 청년이었던
릴리 슈의 배교

7장
상하이 교회의 청년이었던 릴리 슈의 배교

서문에서도 언급했지만 끝까지 믿음을 지켜며 순교의 길을 간 신실한 이들이 있었던 반면에 배교한 이들도 있었습니다. 그중에 대표적인 인물이 릴리 슈입니다. 그녀는 약 십여 년 전에 〈나의 잊을 수 없는 기억들〉(2013년)이라는 영문 책자를 출판했고, 최근에 유동근 목사가 이 책을 번역하여 자신의 아들이 운영하는 출판사를 통해 한국 교계에 소개했습니다. 그러나 이 책은 릴리 슈가 중국 공산당에게 회유당하여 거짓된 증언들을 했던 자신의 과거를 회개하기는커녕 온갖 거짓된 자료들을 모아 자신을 정당화하는 데 워치만 니를 희생양으로 삼은 것에 불과합니다.

릴리 슈는 십육 세 여고생 때인 1947년 9월에 상하이 교회에서 침례를 받았다고 주장합니다. 그 후 청년 시절 몇 년 동안 교회 생활을 한 것을 가지고 상하이 교회 전반의 이야기는 물론 심지어 자신이 태어나기도 전의 일들을 직접 눈으로 목격한 것처럼 책을 쓰고 제목을 단 자체가 독자들에 대한 일종의 기만입니다.

아마도 평범한 일상을 사는 이들은 평범한 여대생이었던 릴리 슈가 수개월 뒤에 갑자기 돌변하여 "나는 고발한다"라는 제목으로 군중들 앞에서 자신이 몸담고 있던 교회와 그 인도자를 비난한 것이 쉽게 이해되지 않을 수 있습니다. 그러나 마오쩌둥이 정권을 잡았던 시대라면 이야기는 달라집니다. 왜냐하면 중국인 그리스도인들 대부분이 존경하던 왕밍다오(王明道) 목사 조차도 그 당시 모진 고문에 굴복해서 주님을 부인하고 출옥을 했을 만큼 심리적, 신체적 압박이 최고에 달하던 시기였기 때문입니다(물론 그는 후에 자기의 죄를 공개 자백하고 다시 투옥됨).

이런 압박은 워치만 니에게도 가해졌습니다. 총 구 년 동안 (1963-1972년) 워치만 니와 같은 감방에 있었던 우요치(Wu Yo-Chi) 형제의 증언에 따르면, 워치만 니 역시 '믿음을 버리면 즉시 출옥시켜 주겠다'는 회유와 압박에 거의 매일 시달렸습니다 (https://www.localchurch.kr/church/298). 그러나 그는 끝까지 믿음을 포기하지 않았습니다. 그가 세상을 떠난 후에, 그의 베개 밑에서 아주 떨리는 손으로 이렇게 쓴 쪽지가 발견되었습니다. "하나님의 아들 그리스도는 사람의 죄를 속량하기 위해 죽으시고 삼 일 만에 부활하셨다. 이것은 우주 가운데 가장 놀라운 사실이다. 나는 그리스도를 믿음으로 죽노라. 워치만 니."

따라서 릴리 슈가 젊은 날 잠시 회유를 받고 세뇌되어 중국 공산당을 위해 협력했다면, 그 자체는 충분히 이해할 수 있다고 봅니다. 그러나 지금 자유로운 미국에 살고 있으면서도 워치만 니를 비난했던 과거의 흐름을 계속 유지하려는 릴리 슈의 현재 태도는 참된 그리스도인의 모습이라고 보기 어렵습니다.

7-1

군중대회에서 릴리 슈의
워치만 니에 대한 고발 전문 공개

"나는 고발한다."

— 릴리 슈

Lily M. Hsu [Xu Meili], Tianfeng, 499(1956년 2월 20일), 11-12쪽, 원래 Shanghai Jiefang Daily(1956년 2월 2일).

"최근 정부가 오랫동안 종교의 외투를 입고 반혁명 활동에 종사해 온 워치만 니의 반혁명 집단(集團)을 무너뜨린 것에 대해 나는 형언할 수 없는 기쁨과 통쾌함을 느꼈고, 우리에게서 이 큰 악을 제거한 정부에 진심으로 감사드린다.

나는 워치만 니의 반혁명 집단에 가장 중독되었던 기독교 청년이며, 상하이 제2의과대학 학생이다. 그들의 속임수와 독해(毒害)로 나는 젊은이들을 중독시키는 일을 한 공범자였다. 나는 대학교, 중고등학교 및 병원에서 많은 젊은이들과 아이들을 중독시켰다. 이제 깨어난 나는 고발하고 싶고, 워치만 니의 반혁명 집단의 범죄를 폭로하고 싶다.

상하이 시민들이 행복하게 해방을 기다리는 동안, 반혁명 분자인 워치만 니와 위트니스 리(대만으로 도피함)는 한 무리의 젊은 이들을 대만으로 유인하여 대만에서 범죄 활동의 중추 역할을 하게 했다. 워치만 니와 위트니스 리가 대만에 관심을 갖는 이유는 무엇인가? 그들은 장제스(蔣介石)의 충실한 앞잡이였다.

1950년에 미 제국주의가 광란적으로 조선을 침공했을 때, 워치만 니는 상하이에서 열린 핵심 멤버를 위한 특별 모임에서, 미국에 저항하고 조선을 돕기 위한 운동에 참여하지 말라고 뻔뻔스럽게 말했다. 그 당시 나는 워치만 니의 반동적 발언에 중독되어 미 제국주의가 황푸강을 강타한다 해도 신경 쓰지 않을 생각이었다. 많은 교인들이 그의 독을 먹어 미 제국주의의 침략에 저항하지 않을 생각을 품게 되었다. 이것은 워치만 니가 제국주의가 다시 중국 인민을 노예화하기를 바랐던 것이다.

워치만 니의 반혁명 집단은 우리에게 외적으로 공부를 잘하고 학교 규칙을 준수하는 '좋은 학생'이 되어 대중을 설득하고, 그런 다음 반혁명 사상의 독을 퍼뜨리기 위해 다양한 방법을 사용하는 이중적인 전술을 채택하라고 했다. 그들은 나에게 학교의 젊은 교인들 가운데 '어떤 것에도 마음이 요동하지 말고', '어떤 사상도 갖지 말라'는 말을 퍼뜨릴 것을 요청했다. 지난 몇 년 동안 그들은 나를 사로잡고 나의 심령에 독을 먹이고 해를 끼쳤다. 그들은 많은 부정적이고 새로운 중국을 적대시하는 반동적인 많은 사상으로 내 두뇌를 가득 채웠다. 내가 애국주의적 교육에 저항하게 했고, 애국심을 갖지 못하도록 만들었다. 나는 정치 보고서를 대하며 조국 건설의 영광스러운 업적, 조국이 젊은 세대를 돌보는 것, 공산당이 청소년들에게 밝은 미래를 열어 준 것에 대해 들을 때마다 감동을 받고 이데올로기적으로 투쟁하게 되었다.

나는 어떤 영화들(학교에서 모든 사람들이 보도록 만든 영화들)을 볼 때마다, 때때로 눈물을 흘리기도 했다. 내가 워치만 니의 반혁명 집단의 말을 떠올릴 때는 마치 자신이 범죄자인 것 같은 느낌이 들었다. 자신의 마음을 바꾼 것에 대해 불안감이 엄습했다. 워치만 니의 반혁명 집단이 내게 주입한 반동적 주장에 의해 야기된 이념적 갈등에서 벗어나기 위해 나는 최선을 다했다. 그들의 독해(毒害)로 나는 조국에 대해 완전히 차갑고 이중적이며 애국심이 없는 사람이 되었다. 나는 조국의 새로운 모습에 관심이 없을 뿐 아니라 상관하지도 않게 되었다. 상하이가 해방된 때부터 작년 말까지 나는 상하이 제1백화점에 가 본 적도 없었고, 길을 갈 때 영적으로 타락할까 봐 길가 양쪽에 있는 진열창조차 감히 쳐다보지 못했다. 난양로 교회에 예배를 드리러 갔을 때, 나는 항상 중소(中蘇) 우호 빌딩을 지나쳐야 했다. 첨탑 위에 있는 붉은 별*이 정말 빨갛고 아름다웠기 때문에 마음속에서 그 별을 보고 싶은 마음이 들었지만, 유혹을 받을까 봐 감히 머리를 들어 그것을 쳐다보지 못했다. 때로 그것을 보는 것은 죄를 짓는 것 같았기 때문에 볼 엄두를 내지 못한 것이다.

---

* 중국 공산당을 상징함—역자 주

'반혁명분자 숙청' 운동이 시작된 후, 워치만 니의 반혁명 집단은 매우 놀라웠는데, 반혁명분자 왕페이전은 "앞으로 전도는 피로 하게 될 것"이라고 나에게 여러 번 말하면서 "이번은 당신에게 시험이 될 것"이라고 말했다. 또한 나에게 악독하게 정부를 적으로 묘사하고 "두려워하지 마세요."라고 하면서 반혁명분자를 숙청하는 교육과 보고서 작성*을 거절하라고 하였다. 그들이 결백한 사람들이라면, 왜 반혁명분자 숙청 운동에 대해 그렇게 긴장하는가? 왜 우리에게 보고서를 작성하는 것을 거절하라고 말하는가? 왜 우리에게 피를 흘리고 죽으라고 하는가? 그들이 이렇게 한 것은 우리에게 그들의 반혁명 운동의 속내를 숨기려는 것이다.

　몇 개월 동안 조직에서 철저한 교육을 받은 후, 나는 마침내 깨어났고, 그들이 싫어졌다. 그들의 추악한 반혁명 운동의 속내가 많이 폭로되었다. 나는 워치만 니의 반혁명 집단이 '연로한 형제자매들'이 아니라 양의 탈을 쓴 가장 위험한 늑대 무리이고, 청소년을 독살하는 범죄자의 우두머리라고 깊이 느낀다. 그들이 나를 죽이면 젊은 한 사람을 해치는 것이지만, 그들은 그렇게 하지 않았다. 그들은 내가 정상적인 젊은이의 겉모습, 성자의 겉모습을 유지하기를 바랐다. 그들은 내 마음에 독을 먹였고 또한 나를 이용하여 많은 젊은이의 마음에 독을 먹였다. 조국의 땅은 광명과 자유로 가득 차 있었지만, 반혁명분자들은 우리의 젊음을 냉장고에 던져 넣고 콧구멍에 솜을 채워 질식하는 삶을 살라고 했다. 어

---

* 강요에 의한 것임―역자 주

디를 가나 부자연스러움을 느끼고 불필요한 고통을 당하며 그들을 따라 반인민적인 막다른 길을 가도록 했다.

이제 정부가 이 반혁명 분자들을 체포했으니 정말 기쁘다! 과거에 그들과 함께 있었던 사람들과 그들에게 이용당해 인민 유익에 위배되는 활동을 했던 사람들에 대해, 나는 여러분에게 철저히 문제점을 제시하고, 인민의 입장에서 워치만 니의 반혁명 집단의 추악한 범죄를 폭로하며, 반혁명 분자들에 대한 무자비한 투쟁을 벌이기를 바란다."

아래는 위 번역문에 대한 중국어 원문입니다.

我控訴
許梅驪

最近政府破獲了長期披着宗教外衣進行反革命活動的柝声反革命集团, 我心中感到說不出的高兴, 痛快, 我衷心感謝政府为我們除去了這一大害。

我是一个受倪柝声反革命集团毒害最深的基督教青年, 是上海第二医学院学生。我在他們的毒害下, 作了他們毒害青少年的帮凶, 在大学、中学和医院中毒害了許多青年和兒童。現在我醒悟了, 我要控訴, 我要揭發倪柝声反革命集团的罪行。

在上海人民欢欣鼓舞地等待着解放時, 反革命分子倪柝声、李常受(已逃往台灣)把一批青年誘騙到台湾去作他們在台灣進行罪惡活動的骨干。为什么倪柝声、李常受对台灣这样感兴趣？原來他們是蔣介石的忠实 走狗。

1950年当美帝國主义瘋狂地侵略朝鮮時，倪柝声却在上海骨干分子的特別聚会中明目張胆地叫我們不要参加抗美援朝运動。当时我受了倪柝声反動言論的毒害，就真的想，即使美帝國主義打到黃浦江也不管我事。多少教徒都受他的毒害不想抵抗美帝國主義的侵略。倪柝声就是这样希望帝國主义 重新來奴役中國人民的。

倪柝声反革命集团要我們要兩面派的手法，叫我們表面上成为功課好，守校規的"好学生"，去爭取众，然后叫我們运用各种方式去散布反革命思想毒素。他們要我在学青年里散布"一切不能動心"和"不可用思想"。几年來他們緊緊地抓住我，毒害了我的心灵，他們把許多消极的視新中國的反思想充塞了我的头腦，使我对抗國主义教育，使我不敢爱國。每当我听了政治報告，听到祖國建設的輝煌成就和祖國怎样關怀青年一代，共產党怎样为青年開辟了美好的前途，我也受到感動，思想上也有过斗争。每当我看了些电影(学校里組織大家去看的电影)，有時我也 感動得暗暗地流下了眼泪，但是我想到了倪 柝声反革命集团的話，我又为我自己動了心而感到不安，像犯了罪一样，并且竭力用倪柝声反革命集团灌輸給我的反動論調來掩盖所引起的思想斗争。在他們的毒害下，我变成了一个对自己祖國人民完全冷酷的、耍兩面手段的、毫無愛國心的人。对祖國的新面貌我不僅不關心而且不動心。從上海解放 到去年年底，我連上海市第一百货商店都沒有去过，跑路時連兩旁也不敢看，害怕壁了灵性。我到南陽路教会去做礼拜的時候，總要经过中苏友好大度，我心里很想看那塔 尖的红星，因为这顆星实在紅得好看，可是我没有勇气抬头，怕受引誘，有時偶而看到了心里很怕，好像犯了罪。

在"肅反"运動開始后，倪柝声反革命集就表現得非常驚慌，反革命分子汪佩真就几次找我談話，对我說："今后傳福音是用 血來傳的"，"这次是对你的一个考验"，并且更惡毒地把政府說成是仇敌，又叫我"不要怕他們"，叫我抗拒肅反学習，抗拒交代。他們如果是清白的人，为什么在肅反运动中这样緊張呢？为什么叫我們去抗拒交代呢？为什么要我們去流血去死呢？他們这样做是夢想叫我們隱瞞他們的反革命底細。

几个月来，組織上耐心地敎育我，我終于觉醒过来，并且痛恨他們，揭發了他們許多惡的反革命底細。我深深地感到，倪柝声反革命集团根本不是什么"年長弟兄姐 妹"，而是一羣最凶險的披着羊皮的狼，是害青年的罪魁。他們如果殺死我，不过是害了一个青年，但是他們不这样做，却更惡毒地要我維持一个正常青年的外殼，一个"聖人"的外殼，而毒死了我的心，又利用我去毒害許多年青人的心。在祖國土地上充滿了陽光和自由，但反革命分子却把我們青年進了冰箱，在我們的鼻孔里塞上了棉花，我們过着窒息的日子，处处觉得不自在而忍受着許多不必要的痛苦，跟著他們走上反人民的絕路。现在政府逮捕了这批反革命分子，这真是大快人心的事!过去曾經和他們在一起，并且被他們蒙蔽利用進行过違反人民利益的活动的人，我希望你們能徹底地交代自己的問題，站到人民的隊伍中來，揭發倪柝声反革命集团的丑恶罪行，与反革命分子作無情的斗争。
(原載1956年2月2日上海"解放日報")

我 控 訴

許梅驥

最近欣府破獲了長期披着宗教外衣進行反革命活动的倪柝声反革命集团，我心中感到說不出的高興、痛快，我衷心感謝欣府為我們除去了這一大害。

我是一個受倪柝声反革命集团毒害最深的基督教青年，是上海第二医学院学生。我在他們的蒙蔽毒害下，作了他們毒害少年的幫凶，在大學、中學和医院中害了許多青年和兒童。現在我醒悟了，我要控訴，我要揭發倪柝声反革命集团的罪行。

在上海人民欢欣鼓舞地等待着解放時，反革命分子倪柝声、李常受(已逃往台灣)把一批青年誘騙到台灣去作他們在台灣進行罪惡活动的骨干。為什么倪柝声、李常受对台灣这样感興趣?原來他們是蒋介石的忠实走狗。

1950年当美帝國主义赢在地侵略朝鮮時，倪柝声却在上海骨干分子的特别聚会中明目張胆地叫我們不要参加抗美援朝运动。当時我受了倪柝声反动言论的毒害，就真的想，即使美帝國主义打到黄浦江也不管我事。多少能都受他的毒害不抵抗美帝國主义的侵略。倪柝声就是这样替美帝國主义重新奴役中國人民的。

倪柝声反革命集团要我們要面面服的手法，叫我們表面上成为功課好、守规矩的"好学生"，去争取榮衣，然后再我們运用各种方式去散布反革命思想毒素。他們要我在学校教佳青年里散布"一切不能动心"和"不可用思想"。几年來他們緊緊地抓住我，毒害了我的心灵，他們把許多荒谬的、敵視新中國的反动思想充塞了我的头脑，使我对抗爱國主义教育，使我不敢爱國。每当我听了政府报告，听到祖國建設的輝煌成就和祖國怎样關怀青年一代，共产党怎样為青年增辟了美好的前途，我也曾感到激动，思想上也有过斗争。每当我看了些电影(学校里組織大家去看的电影)，有時我也感到羞暗地流下了眼泪，但是我想到了倪柝声反革命集团的教，我又為我自己动了心面痛哭，像犯了罪一樣，并且勉力用倪柝声反革命集团謊輪欺弄來抵盖所引起的思想斗争。在他們的毒害下，我变成了一个对自己祖國和人民完全冷酷的、要雨断手段的、毫無感情的人。对祖國的苦难我不關心面面无动於衷。从上海解放到去年年底，我進上海第一百貨商店都沒有去过，跑路時連商务橱窗也不敢看，害怕血了灵性。我到南關修教会去做礼拜的時候，總要经过中苏友好大廈，我心里很想看那鮮的红旗，因为那旗实在红得好看，可是我沒有勇气抬头，怕受引誘，有時偶而看到了心里很怕，好像犯了罪。

在"肅反"运动開始后，倪柝声反革命集团就表现得非常緊张，反革命分子汪興真就几次找我談話，对我說："今后傳献普是用血来傳的"，"这次是对你的一个考驗"，并

• 11 •

且更惡毒地把欣府說成是仇敵，又叫我"不要怕他們"，叫我抓住机會同學，抗拒变代。他們如果是清白的人，為什么在肅反运动中这样張張呢?為什么叫我們去抗拒交代呢?為什么要我們去流血去死呢?這样做是夢想我們隐瞞他們的反革命底细。

几个月來，組織上耐心地教育我，我終于覺醒过來，并且痛恨他們，揭發了他們許多丑恶的反革命底细。我深深地感到，倪柝声反革命集团根本不是什么"年长的兄弟姐"，而是一幕最阴险的披着羊皮的狼;是毒害青年的罪魁。他們如果爱我，不過是要害了一个青年，但是他們不这样做，却更惡毒地要我維持一个正常青年的外殼，一个"重人"的外殼，而毒死了我的心，又利用我去毒害許多年青人的心。在祖國土地上充滿了陽光和自由，但反革命分子却把我們青年至進了冰箱，在我們的鼻孔里塞上了樟花，叫我們过着窒息的日子，处处覺得不自在面忍受着許多不必要的痛苦。跟着他們走上反人民的絕路。現在政府逮捕了这批反革命分子;这真是大快人心的事!过去曾經和他們在一起，并且被他們蒙蔽利用進行过违反人民利益的活动的人，我希望你們能徹底地交代自己的問題，站到人民的隊伍中來，揭發倪柝声反革命集团的丑恶罪行，与反革命分子作無情的斗争。

(原載1956年2月2日上海"解放日報")

해당 신문과 기사

7-2

워치만 니가 반혁명분자라는 비난의 실상

첫째, 워치만 니가 1948년 4월 24일에 전한 메시지에 근거하여, 십 년 내에 중국 전역을 복음화하겠다는 구상을 했다는 것입니다. 무신론자들인 마오쩌둥 정권 입장에서는 이런 모습이 체제 전복 활동으로 보일 수 있기에 이해할 만합니다. 그러나 믿는 이들의 상식적인 시각으로는, 그 어려운 시기에 중국 전역을 십 년 내에 복음화하겠다는 것은 전혀 비판받을 일이 아닙니다.

둘째, 워치만 니가 중국 공산당이 양쯔강 이남으로 내려오지 못하게 기도하라고 교회에 요청해 놓고, 정작 공산화 후에는 중국 공산 정권에 아부(혹은 협력)하는 이중적인 모습을 보였다는 것입니다. 그러나 이런 비난 역시 릴리 슈의 피상적이고 부정확한 증언에 따른 비판일 뿐입니다.

워치만 니는 중국 공산당이든 국민당이든 어느 한쪽 편에 선 적이 없습니다. 1948년 초에 '붉은 군대(Red Army)'가 중국 남부로 진군하고 있었을 때, 그가 교회에 기도를 요청한 것은 맞습니다. 그러나 '워치만 니가 예전의 케직 사경회에서 했던 기도와 다르게',

교회 성도들은 '붉은 군대의 진군을 중단하도록 주님께서 개입해 달라'고 기도하기 시작했습니다. 이틀 후에 워치만 니는 "자신이 느끼기에 그런 기도는 주님의 뜻과 조화되지 않습니다."라며, (교회) 인도자들에게 그런 기도를 중단해 줄 것을 요구했습니다(After two days Watchman Nee asked the leading ones to stop the prayer, saying that he did not feel it matched the Lord's will.). (이것은 중국 본토에 가서 그 당시 상황을 잘 아는 복수의 증인들을 직접 인터뷰한 미발표 영문 원고에 기초한 것임.)

세상 정부에 대한 워치만 니의 태도는 그의 사역 내내 일관되었습니다. 즉 그리스도인은 정부가 하나님께 대한 경배를 금하지 않는 한, 정부의 권위에 복종해야 하며(참고 롬 13:1-7), 또한 정치적인 일에서 어느 국가 편에 서는 것은 옳지 않다는 것입니다. 워치만 니가 일본군이 이십육만 명을 몰살한 난징 대학살 직후인 1938년에 영국 케직 사경회에 갔을 때, 회장단의 요청으로 드렸던 아래 기도는 그의 그러한 원칙이 반영된 것이었습니다.

"주님, 당신은 다스리는 주님이십니다! 당신은 모든 것의 주님으로 다스리고 계십니다. 어떤 것도 당신의 권위를 만질 수 없습니다. 중국과 일본에서 주님의 권익에 손상을 준 것은 영에 속한 권세입니다. 우리는 일본을 위해 기도하거나 중국을 위해 기도하는 것이 아닙니다. 우리는 중국과 일본에서의 당신의 아들의 권익을 위해 기도합니다. 우리는 어떤 사람도 원망하지 않습니다. 그들은 주님의 원수의 손에 있는 도구에 불과합니다. 주님, 우리는 당신의 뜻 안에서 있습니다. 주님, 어둠의 왕국을 분쇄하십시오! 주님, 당신의 교회를 박해하는 것은 곧 당신을 박해하는 것입니다."

(영어 원문: "The Lord reigneth. He is reigning, and He is the Lord of all. Nothing can touch His authority. It is the spiritual forces that are out to destroy the interests of the Lord in China and in Japan. We do not pray for Japan. We do not pray for China. But we pray for the interest of Thy Son in China and in Japan. We do not blame any men. They are only tools in the hand of the enemy of the Lord. Lord, we stand in Thy will. Lord, shatter the Kingdom of Darkness. Lord, the persecution of Thy Church is perse-cuting Thee." (The Keswick Convention: 1938년, London: Pickering & Inglis, 1938년, 246쪽)

위 사례들은 릴리 슈가 16세 때 여고생으로 침례 받은 1947년 9월을 기준으로, 채 일 년도 안 된 1948년 4월에 이루어졌습니다. 이처럼 십 대 여고생의 피상적인 체험을 기록한 내용이다 보니, 위와 같이 사실과 다른 부분이 반복해서 발견되고 있습니다. 문제는 이런 부정확한 기록을 대하는 유동근 목사 측의 태도입니다. 제가 보기에는 마치 워치만 니와 지방 교회 측에 타격을 가할 수만 있다면, 릴리 슈의 주장이 사실이든 아니든 그것은 중요하지 않다는 식입니다. 그러나 주님 앞에 설 때 지금처럼 부정확한 거짓말을 사실처럼 전하는 사람에게도 책임이 없지 않을 것입니다 (마 12:36).

그 당시 순진한 대학생이던 릴리 슈는 1955년 12월에 공안에 초청되어 지속적인 세뇌 과정을 거쳤고, 중국 공산당이 이처럼 치밀하게 계획하여 시행한 지방 교회 탄압에 동조하는 하수인 중 하나로 악역을 담당하게 된 것입니다. 어쩔 수 없는 상황에서 워치만 니를 공개 비판했던 그의 친누나와 장시캉(張錫康) 형제(그는 상하이 교회의 육십 년을 돌아보는 약 540쪽의 회고록(중국어)을 썼음) 등은 자신들의 과오를 뉘우치고 회개했습니다. 그런데 릴리 슈는 오히려 중국 공산당이 제공한 악한 자료들을 이용하여 자신을 정당화하는 책을 썼습니다.

　저는 릴리 슈가 리위안루(李淵如, 이연여), 왕페이전 두 사람을 자신의 책에서 언급한 내용을 재검증할 기회가 있었습니다. 릴리 슈가 이 두 사람이 믿음을 버렸다는 미확인 내용을 그토록 강조하는 이유는, 워치만 니가 부도덕한 행위로 그들에게 깊은 상처를 주었기 때문이고, 자신도 같은 이유로 믿음을 버린 것이었다는 논리로 자신을 정당화하려는 것처럼 보입니다. 그러나 그녀의 이런 주장과 논리는 아래와 같은 심각한 허점들 때문에 있는 그대로 받아들이기가 어렵습니다.

　(1) 먼저 릴리 슈가 주장한, 워치만 니가 리위안루 자매의 친한 친구인 모 여자 동역자에게 부도덕한 행위를 했다는 시기가 여러 차례 수정된 점입니다. 이런 경우 증거 능력이 의심받습니다.

　(2) 그녀는 결국 1926년부터 1927년까지로 최종 특정했지만, 그 무렵은 워치만 니가 극심한 폐결핵을 앓으며 생사를 오가던 시기

였습니다. 마지막 진액까지 짜내어 〈영에 속한 사람〉을 집필하던 때이기도 합니다.

(3) 또한 상대인 그 여자 동역자는 리위안루 자매(1894년생)의 친구로서 워치만 니보다 거의 십 년 연상입니다. 당시의 사회 통념상 상식적으로 말이 안 됩니다.

릴리 슈는 또한 워치만 니의 감방 동료였던 우요치 형제도 리위안루 자매가 주님을 부인한 것을 확인해 주었다고 주장하지만, 전혀 사실이 아닙니다. 먼저 그녀가 다른 책에 실린 우요치 형제의 증언을 자기 책에 재인용 소개한 부분(352쪽)에도 허점이 많습니다.

(4) 거기서 우요치 형제는 자기가 본 사람들이 리위안루, 왕페이전이라고 단 한 번도 확정하지 않았습니다.

(5) 그는 또한 1965년에 워치만 니 공개 비판장에 나온 여인들이 오십 대로 보였다고 했지만, 당시 리위안루 자매(1894년생)는 칠십일 세였고, 왕페이전 자매(1899년생)는 육십육 세였습니다. 오랜 감옥 생활은 보통 더 늙어 보이게 하지, 이처럼 무려 이십여 년이나 더 젊어 보이게 할 수 없을 것입니다.

(6) 릴리 슈는 위 증언을 인용할 때 '그들이 써 온 원고를 더듬거리며 읽었다(stammer)'는 부분은 의도적으로 생략했습니다. 우리는 위 증언자들이 '워치만 니에게 속았고, 믿음을 부인한다'는 말 앞에 "정부에 의해 지속적으로 교육받아 온 결과"(352쪽)라는 말을 덧붙인 것과, 다른 증언자들과는 달리 써 온 원고를 더듬거리며

읽은 것을 통해 그들이 했던 말이 진심이 아닐 수도 있음을 예상할 수 있습니다.

(7) 왕밍다오(王明道) 목사의 예에서 보듯이, 그 당시 중국 공산당이 공개적으로 믿음을 부인하라고 회유할 때는 즉각 석방을 당근으로 제시했습니다. 그러나 릴리 슈의 책에도 리위안루 자매와 왕페이전 자매가 그 후에도 수년을 더 갇혀 있다가 감옥에서 병으로 죽었다고 적고 있습니다.

(8) 릴리 슈는 또한 자신이 2004년 7월에 우요치 형제를 만나서 위의 내용을 확인했다고 주장합니다. 그러나 현재 애너하임 교회 생활을 하고 있는 그를 직접 만나 이 사실을 물어본 사람에 따르면, 그는 릴리 슈의 책에 자신이 언급된 사실조차 모르고 있었고, 책 뒤표지에 실린 릴리 슈 사진을 보여 주었을 때, 그런 사람을 만난 기억이 없다고 했답니다.

그런데도 릴리 슈가 자신 마음대로 우요치 형제를 위 두 여자 동역자들이 믿음을 포기한 것을 확인해 준 '두 번째 증인'이라고 주장하는 것은 무리가 있습니다. 저는 그녀가 하나님과 교회의 간증을 손상하고 중국 공산당만 이롭게 하는 이런 주장을 고집하는 것이 매우 안타깝습니다.

셋째, 이 외에도 중국 정부는 간첩 행위나 심지어 살인을 뒤집어 씌우는 경우도 있었습니다. 소위 반제국주의 운동이 한창이던 때에 수많은 외국인 선교사들이 이런 유사한 불명예를 안고 추방되었습니다.

다음에 소개할 것은 중국 공산당에게 수개월 동안 회유당한 후, 그들이 제공한 조작된 증거 자료들에 의해 마음이 돌아선 릴리 슈가 워치만 니를 공개 비판한 또 다른 내용입니다. 우리는 아래 연설에서 그녀가 무신론자들이 세운 정부가 신앙의 자유를 보장하려고 최선을 다하고 있다고 크게 착각하고 있음을 볼 수 있습니다. 그녀는 어린 나이라 그들의 종교 말살을 위한 단계적인 전략을 꿰뚫어 보는 지혜가 부족했던 것 같습니다. 그 결과, 본인의 의도가 아니었을지라도 무신론자들인 세상 정부를 위하고, 주님의 교회를 박해하는 도구로 쓰임 받은 것으로 보입니다.

중국 인민 정치 협의회 제1차 상하이시 위원회 제2기 본회의 연설
장소 : 중소 우호 빌딩(1984년 상하이 전시 센터로 개명).
릴리 슈(Lily M. Hsu)의 연설

이번에는 중국 인민 정치 협의회 제1차 상하이시 위원회 제2기 본회의에 참관인으로 참석하게 되어 매우 흥분되고 매우 영광스럽습니다. 저는 여러 해 동안 기독교에 숨어 있던 워치만 니 반혁명 집단의 가르침에 이용당해 온 학생이자 젊은 기독교인입니다. 돌이켜 보면, 조국은 해방된 지 육 년이 되었지만, 저는 그들의 중독으로 인해 조국에 대한 애국심을 잃은 사람이 되었습니다. 중소 우호 빌딩의 첨탑에 있는 붉은 별조차도 감히 쳐다보지 못했습니다(내가 그것을 보면 동요되어 죄를 범하는 것처럼 느끼기 때문입니다). 그러나 오늘 저는 중소 우호 빌딩에서 제 마음의 깊은 속에 있는 것을 말할 기회를 얻었습니다. 저는 조국을 뜨겁게 사랑합니다! 이것이 얼마나 기쁜 일입니까!

참관인으로서 오늘 이러한 회의에 참석해 볼 때, 저와 워치만 니 반혁명 집단에 대하여 말해 왔던 정부와 인민들의 태도를 깊이 느낄 수 있습니다. 인민들은 우리가 일어나는 것을 환영했습니다. 우리는 좀 늦었지만, 망상 가운데 우리를 해치고 통제해 왔던 제국주의 앞에서 일어난 것입니다.

올해 1월에 상하이시 공안국이 워치만 니 반혁명 집단을 소탕한 후, 수많은 기독교인들이 그들의 실상을 보게 되었습니다. 그리고 종교의 외투를 입은 이 반혁명분자들은 벌을 받게 되었습니다. 우리는 또한 이러한 반혁명분자들의 행동이 근본적으로 우리의 종교적 신념에 어긋난다는 것을 알고 있습니다. 그것은 또한 근본적으로 인민들의 이익과도 상충합니다. 우리는 수년 동안 우리를 묶어 왔던 족쇄를 단호하게 제거하였고, 조국을 뜨겁게 사랑할 수 있게 되었습니다.

많은 교육을 받은 후에,* 수없이 많은 그리스도인들은 반혁명분자들을 확고하게 제거하여 그리스도인들을 보호하려는 정부의 종교 자유 정책에 대해 더욱 분명해졌습니다. 예를 들어, 워치만 니의 반혁명 집단이 폭로된 후의 첫 번째 일요일에 간부들이 북을 치며 그리스도인들이 여전히 종교 생활을 하도록 격려해 주었습니다. 또한 각 대학은 당원들과 그리스도인들이 단결할 수 있는 연대 회의를 개최했습니다. 상하이 제1의과대학, 상하이 제2의과대학, 푸단대학교뿐 아니라 그리스도인들이 있는 대학들도 함께

---

* 세뇌된 후에—역자 주

총회를 열었습니다. 이 모든 것은 정부가 신앙의 자유를 보호하는 데 단호하며 그것을 보호하기 위해 할 수 있는 모든 일을 하고 있음을 보여 줍니다. 그리스도인과 동료 학생들 사이의 연합을 강화하기 위하여 한 젊은이가 말했듯이 우리는 더 이상 혁명 가족 밖에 버려진 아이들이 아닙니다.

우리 기독교인의 대다수는 애국심이 강합니다. 우리 젊은 그리스도인들도 애국심이 강합니다. 종교의 외투를 입고 반혁명 활동을 벌이고 있던 워치만 니의 반혁명 집단의 진실을 깨달은 이후, 우리 그리스도인들의 애국심이 일깨워지고, 젊은 그리스도인들은 추구에 적극적으로 동참했습니다. 모든 반혁명 세력과 싸울 수 있도록 도와주십시오. 깨어난 젊은 그리스도인들 중 일부는 각서를 쓰면서 정부가 상하이 기독교 모임에 중독된 모든 젊은이들을 구원하도록 돕고자 하고 있습니다. 일부 젊은 기독교인들은 구체적인 행동으로 대응하겠다는 공동 서약서에 서명했고, 마오쩌둥 의장의 세 가지 좋은 것(삼호)에 반응하였습니다. 오늘날 우리는 애국심과 종교에 대한 사랑이 일치한다는 것을 진정으로 깨달았습니다. 우리는 종교적 신념을 사랑하고 지지하며, 마음 깊은 곳에서 조국을 사랑합니다. 우리 그리스도인들은 모든 반혁명 분자들을 제거하고, 사회주의 조국을 건설하며, 대만의 해방을 위해 싸워야 합니다. 우리 모두 세계 평화 수호에 우리의 모든 힘을 바칩니다! 그것이 우리의 결의입니다.

상하이 해방일보(1956년 4월 15일)에 게재

在中國人民政治協商會議上海市第一屆委員會第二次全體會議上的發言

許梅驄的發言

1996.

这次我能够列席政协上海市第一届委员会第二次全体会议，心里感到非常兴奋和光荣。我是一个学生，也是一个基督教青年，多年来深受隐藏在基督教内的倪柝声反革命集团所毒害所利用的。回想过去，虽然祖国解放了6年，但我在他们的毒害下，成为一个对祖国丧失了感情的人，甚至连中苏友好大厦尖顶上的红星都不敢看（因为怕看了动心，就感到像犯了罪一样）。而今天，我却能有机会在中苏友好大厦里说出我心底里的话，我是热爱祖国的！这是多么高兴的事啊！

今天能列席这样的会议，我深深感到了政府和人民对我，对许多受过倪柝声反革命集团毒害、摧残的基督徒的关怀。人民欢迎我们站起来。我们虽然站起来迟了一点，但还是站起来了，在妄想毒害我们、控制我们的帝国主义面前站起来了。

今年一月间，上海市公安局破获了倪柝声反革命集团以后，许多基督徒都认清了真相，和这些披着宗教外衣的反革命分子一刀两段。我们也认清了这些反革命分子的所作所为，根本违反了我们的宗教信仰，也根本违反了人民的利益，我们就毅然决然地摆脱了他们的多年来束缚着我们的枷锁，走上了热爱祖国的道路。

在许多事实的教育下，广大的基督徒也更明确了政府坚定不移地肃清一切反革命分子的政策和坚定不移地保护宗教信仰自由的政策。例如在揭发倪柝声反革命集团以后的第一个星期日，地区里的干部都鼓励基督徒们去过宗教生活。各大专学校里都曾分别召开过团结大会，就是学校行政、党团员和基督徒在一起的联欢团结。不仅在基督徒较多的上海第一医学院、上海第二医学院、复旦大学，连基督徒较少的如中央音乐学院华东分院也召开了团结大会。这都说明政府是坚决地保护宗教信仰自由的，并且想尽一切办法来加强基督徒和广大同学之间的团结。现在，正如一位青年所说，我们再也不是革命大家庭以外的野孩子了。

我们广大的基督徒是爱国的。我们青年基督徒也是爱国的。在认清了披着宗教外衣进行反革命活动的倪柝声反革命集团的真相后，我们基督徒的爱国热情激发起来了，青年基督徒积极地投入了肃清一切反革命分子的斗争。有些觉悟比较高的青年基督徒写了保证书，决心协助政府把上海基督徒聚会处里受过毒害的青年都挽救过来。有的青年基督徒向学校联名保证，要以具体行动响应毛主席的"三好"号召。在今天，我们也真正体会到了爱国爱教是一致的。我们热爱、拥护我们的宗教信仰，我们也从心底里热爱祖国。我们基督徒要为肃清一切反革命分子，为建设社会主义祖国，为解放台湾，为保卫世界和平而贡献出我们的一切力量！这是我们的决心。

해당 신문과 기사

7-3

박해를 받았던 다른 이들과 달리, 워치만 니를 공개 비판하여 유명 인사가 된 릴리 슈와 그녀의 인터뷰 기사

저(코람데오)는 첫 번째 글의 서두에서 유동근 목사가 릴리 슈가 워치만 니를 고발한 위의 책을 너무 단순하게 접근한다고 말한 적이 있습니다. 즉 어떤 시대적인 배경에서 이 책이 나왔는지와, 그 내용이 다 사실인지에 대한 신중한 고려도 없이 접근하고 있는 것으로 보인다는 말입니다. 단지 이 책이 한국에서도 여전히 존경받는 워치만 니 그리고 지방 교회 측까지 깎아내릴 호재라는 생각에, 그녀의 의학 '박사' 경력을 뒷배로 모든 내용을 기정사실로 못 박으려는 것 같아 안타깝습니다. 그러나 그녀의 말은 상당 부분 중국 공산당 혹은 그들의 영향을 받은 이들이 제공한 자료들에 기초합니다. 중요한 것은 거의 같은 시기를 기록한 장시캉 형제의 회고록은 릴리 슈가 말한 것의 상당 부분을 다르게 말하고 있다는 점입니다. 특히 장시캉 형제는 자신의 초고에도 있던 소위 워치만 니의 부도덕한 행위들을 기록한 부분이, 조작된 증거에 의한 것임을 나중에 발견하고 모두 삭제했습니다. 따라서 두 책은 최소한 교차 검증이 필요하며, 지금처럼 릴리 슈의 주장만을 일방적으로 신뢰할 일이 아닙니다.

우리는 역사를 통해 일제 강점기의 신사 참배 강요와 북한 정권 통치 아래서 기독교인들이 받았던 박해를 알고 있습니다. 중국에서는 이보다 더 교묘하고 혹독한 박해와 회유가 있었습니다. 한 예로 중국 공산당은 소위 반제국주의의 기치 아래 외국 선교사들을 간첩, 살인, 강간 등의 혐의를 씌워 추방했습니다. 또한 극비 문서에 따르면, 그들에게는 그 무렵의 워치만 니와 상하이 교회는 모든 수단과 방법을 쓰더라도 반드시 분쇄하고 싹을 잘라야 할 가장 위협적인 대상이었습니다. 워치만 니에 대한 각종 죄명은 이런 배경에서 중국 정부가 직간접적으로 관여해서 만들어진 것입니다.

아래에서 몇 가지 사례를 보겠지만 그 당시 대부분의 중국인 그리스도인들은 중국 공산당이 정권을 잡은 새로운 환경 안에서 생존과 신앙이 위협을 받고 있었습니다. 그런데 애석하게도 릴리 슈는 내부자 중 한 명의 자격으로 워치만 니를 포함한 자신의 믿음의 동료들을 반혁명분자들로 공개 비난하는 데 이용되었고, 그 대가로 다니던 의대도 졸업하고, 좋은 직장에 취직도 할 수 있었습니다. 릴리 슈는 아래 사람들과 달리 가장 안락한 길을 선택했습니다.

첫째, 우요치의 아내입니다. 릴리 슈의 책에도 소개된 우요치 형제는 원래 고등학교 교사였습니다. 상하이 대표로 국제 대회에도 참석한 권투 선수이기도 했습니다. 그는 마오쩌둥 정책에 반대했다는 이유로 1960년에 반혁명분자로 낙인찍혀 칠 년 형을 선고받았습니다. 그는 상하이의 티란차오 감옥에 수감되었고, 총 구 년 동안 워치만 니와 같은 감방에 있었습니다. 그의 아내도 상하이 마리타임대학을 졸업한 고등학교 화학 교사였습니다. 그러나 어느 날 교장은 그녀에게 "반혁명분자들의 가족들은 인민의 교사가 될수 없어요. 이것이 정책입니다", "만일 이혼하지 않으려거든 이 학교에서 나가야 합니다."라고 말했습니다. 그녀는 학교를 떠난 후 다시 직장을 잡을 수 없었고, 어린 딸과 먹고살 길이 막막했습니다. 따라서 부득이하게 이혼을 통보하려고 눈물을 흘리며 마지막으로 우요치 형제를 면회했습니다.(https://www.localchurch.kr /church/298 우요치 증언 참조)

둘째, 장시캉 형제입니다. 장시캉은 일곱 살 때부터 워치만 니를 보고 자랐습니다. 워치만 니가 폐결핵을 심하게 앓을 때 머물던 곳이 바로 장시캉 형제의 부친의 집이었습니다. 이때는 워치만 니가 극심한 고통 속에 〈영에 속한 사람〉 세 권을 쓰던 시기이기도 합니다. 장 형제는 릴리 슈와 같이 상하이 교회 내부 고발자 열 명 중 한 명이었고, 워치만 니에게 부도덕한 일로 희생되었다는 한 자매를 인터뷰할 때 릴리 슈와 동행했던 장본인입니다. 그는 워치만 니의 사설 도서관 관리인이자 그의 제약 회사 재정 담당 지배인이기도 했습니다. 따라서 어찌 보면 그는 릴리 슈보다 워치만 니와 상하이 교회 내부 사정을 더 잘 알 수 있는 위치에 있었습니다. 그 역시 상하이 교회 육십 년을 회고하는 책을 썼습니다. 다만 릴리 슈와 차이가 있다면, (1) 워치만 니를 부도덕한 사람으로 몰아간 중국 공산당의 증거 자료들의 서명과 자필 자백서 필체가 조작된 것을 알고, 자신의 책 초안에 있던 관련 부분을 모두 삭제했고, (2) 그 후 그 대가로 옥고를 치렀으며, (3) 말년에는 딸이 사는 미국으로 이주하여 샌디에이고 교회에서 생활을 하다가 주님 품에 갔다는 것입니다.

셋째, 워치만 니의 아내입니다. 워치만 니의 아내인 장핀후이 자매 역시 남편이 반혁명분자라서 함께 옥고를 치렀습니다. 풀려난 후에도 온갖 모욕과 고초를 겪었습니다(자세한 내용은 앞에서 제시한 간병인이었던 완샤오링 자매의 증언을 참고 바람). 그녀는 남편을 끝까지 사랑했고, 릴리 슈가 책에 적은 워치만 니와 관련된 모든 불미스러운 내용을 '존재하지 않는 일들'이라고 말했습니다. 또한 온갖 회유에도 불구하고 죽기까지 신앙을 포기하지 않았습니다.

넷째, 워치만 니입니다. 온갖 공격과 모함과 회유에도 죽기까지 믿음을 지켰고, 아내를 깊이 사랑했습니다. 심지어 오랜 수감 기간 중에도 우요치 형제 같은 복음의 열매를 맺기까지 했습니다.

다섯째, 릴리 슈입니다. 그녀는 중국 공산당에 의해 조작된, 워치만 니의 부도덕한 일들에 대한 증거들을 보고 믿음이 무너졌다고 고백합니다. 그 후 그녀는 군중집회 등에서 워치만 니와 상하이 교회를 반혁명 집단으로 정죄하는 등 기독교를 탄압하려는 정부 정책에 적극적으로 동조했습니다. 그 결과 위의 다른 사례들과 달리, 릴리 슈는 마오쩌둥 정권 아래서 순탄하게 의학 공부를 마치고 취업도 했습니다. 그녀는 개인 가정사 외에 신앙 때문에 박해받는 일 없이 순탄하게 중국 본토에서 살다가, 나중에 미국으로 이주했습니다. 그 후에도 미국 의사가 되어 세상적으로 꽤 성공한 삶을 산 것으로 보입니다.

다만, 릴리 슈는 아래의 인터뷰를 할 때만 해도 "제 마음은 여전히 하나님을 향하고 있고, 여전히 성경을 읽고 기도하며, 최근에는 이전에 주의를 기울이지 않았던 거룩한 진리를 더 많이 볼 수 있습니다.”라고 호언장담했지만, 결과적으로 믿음을 버렸습니다. 그녀는 이것이 마치 워치만 니 때문인 것처럼 변명하지만, 그것은 주된 이유가 아닐 것입니다. 본인이 속했던 교회를 대적하고 무신론자들인 세속 정권의 정책에 적극 동조하고자 결심했을 때, 이미 이런 결과는 예견되었습니다. 그녀는 또한 워치만 니 때문에 상하이 교회 다른 성도들 대부분도 자기처럼 믿음을 버린 것처럼 암시했지만, 그것도 사실과 많이 다릅니다. 물론 공산 정부로부터 온 충격적인 환경에 그들이 잠시 곤혹스러워했을 수는 있지만, 그렇다고 믿음을 버린 것이 결코 아니었습니다. 다만 공개적인 믿음 생활이 어려우니 대다수는 지하로 숨어들어 은밀하게 믿음을 지켜 왔고, 그런 흐름이 현재 중국에 약 일억 명의 성도들이 있게 된 밑거름이 되었다는 것이 객관적인 역사의 평가입니다.

아래는 릴리 슈가 한창 매스컴을 타자, 친정부 잡지사인 '천풍'의 한 기자가 그녀에게 인터뷰를 요청해서 기사화한 내용입니다.

릴리 슈 인터뷰
—웨이쩐 기자

워치만 니 반혁명 집단 숙청 운동이 상하이에서 시작된 후, 나는 상하이 기독교 모임 사무실에서 열린 청년 모임의 지도자 중 한 명이었던 릴리 슈를 인터뷰했다. 그녀는 상하이 제2의과대학 졸업반이며, 최근에 반부패 운동에 전념했다.

(1956년) 2월 7일에 나는 상하이 제2의과대학에서 그녀를 만났고, 그녀는 양갈래 머리와 머리띠를 하였고, 동그랗게 큰 눈, 쾌활한 혼, 소박한 옷을 입고 있었다. 내가 내 의도를 설명했을 때, 우리는 따뜻하게 악수하고 햇볕이 가득한 방에 앉아 이야기를 시작했다.

내가 제기한 질문은 이랬다. "당신은 어떻게 워치만 니의 반혁명 집단의 진짜 모습을 알게 되었습니까?"

그녀는 잠시 생각하더니, 미소를 지으며 이렇게 말했다. "여기서 가장 중요한 것은 '입장(立場)'이라고 생각합니다. 예전에 저는 늘 워치만 니의 반동적 입장을 견지해 왔고, 모든 문제에 대한 판단은 워치만 니의 주장에 근거했기에, 저의 견해와 실행은 잘못된 것이었습니다." 그녀는 계속해서 말했다. "조직(공산당)의 도움으로 교육을 받은 후, 저는 인민의 관점에서 문제를 바라보기 시작했습니다. 예를 들어 전에는 나라를 사랑하려고 해도 사랑할 수 없었고, 공부할 동기도 생기지 않았으며, 정치적으로 진보적인 급우들과 거리감이 있었습니다. 저는 제가 틀렸다는 것을 알게 되었습니다. 저는 상황의 심각성을 깨달았기 때문에, 근본 원인을 찾기 시작했습니다. 그렇게 했을 때 제가 독립적이거나 자발적이지 못한 것이 워치만 니의 반혁명 집단에 완전히 중독되었기 때문임을 발견했습니다. 저는 제가 기억하는 워치만 니의 반혁명 집단의 모든 말과 행동을 살펴본 후에, 현재 상황과 정치적 문제에 대한 그들의 말과 행동에 많은 문제가 있음을 발견했습니다. 예를 들어, 정부가 시작한 모든 운동에 그들이 반대 활동을 벌였음을 알 수 있었습니다. 이 일련의 활동은 우연의 일치 또는 사고로 설명될 수 없으며, 의도는 좋았지만 결과는 나빴다는 말로 정당화될 수는 없습니다. '좋은 나무가 나쁜 열매를 맺을 수 없다'는 성경 말씀이 있습니다. 좋은 나무가 때때로 나쁜 열매를 맺을 수는 있지만, 좋은 나무가 항상 나쁜 열매를 맺지는 못한다는 말이 있습니다. 더 많이 분석하고 더 많이 볼수록 더 많은 결함을 발견하였고, 결국 하나의 결론에 도달했습니다." 그런 다음 그녀는 내 눈을 바라보며 긍정적인 어조로 말했다. "그런 것들은 정치적인 문제였지 신앙의 문제가 아니었습니다."

그녀는 덧붙였다. "저의 태도 변화의 열쇠는 우리가 인민들의 관점에서 문제를 보든 반혁명의 관점에서 보든 결국 '입장'이 문제라는 것이었습니다. 즉 그것은 제가 인민들을 생각하는지의 여부에 달려 있습니다. 우리는 인민들을 관심합니까?" 그녀는 또 이렇게 말했다. "제가 (인민에 대한) 분명한 입장을 취하지 않았을 때는 그들*에게 대한 원망이 깊지 않았고, 고통은 다만 몇 분이면 지나갔습니다. 그러나 제가 굳건히 섰을 때, 저는 그들의 외피를 통해 나타난 사실은 물론 그들의 의도도 분석할 수 있게 되었습니다. 그 결과, 그들이 매우 원망스러웠습니다."

릴리 슈가 설명한 이데올로기적, 인지적 변화를 듣고 난 후에, 나는 그녀에게 질문을 계속하였다. 즉 숙청 운동 기간 동안 워치

---

* 워치만 니 그룹—역자 주

만 니의 반혁명 집단에 의해 젊은이들을 중독시킨 경험에 대해 이야기해 달라고 요청했다.

그녀는 내 질문에 대해 계속 유쾌하게 대답해 주었다. "젊은이들에 대한 그들의 중독은 단계적이고 계획적이었습니다. 보통 젊은 신자들에게 '세상을 사랑하지 말라'는 성경의 가르침을 의도적으로 잘못 해석해 줍니다. 우리가 세상에는 공정하고 아름다운 것들이 있다고 느낄 때(예를 들어, 공부를 열심히 하고, 장래에 조국 건설에 기여하는 것과 같은), 그들은 왜곡되게 이렇게 말합니다. "세상을 사랑하지 않도록 조심하십시오. 세상의 모든 것이 하찮고 쓸모가 없으며, 인생은 짧습니다. 다른 사람들이 좋은 일을 하게 내버려두고, 우리는 이것에 주의를 기울일 필요가 없습니다." 그들은 또한 미래와 학교와 부모와 연인과 자녀 등을 사랑하지 말 것을 구체적으로 제안했고, 우리의 마음을 사로잡는 모든 것이 세상이므로 젊은이들에게 세상을 사랑하지 못하게 했습니다."

"이것이 바로 그들이 젊은이들의 감정을 악의적으로 통제하는 방법이며, 우리를 사람들과 그들의 사랑하는 사람들에게 차갑고 무자비한 사람들로 만들고, 주님에 대한 우리의 열심을 빼앗았습니다. 그들은 더 나아가 '이유를 말하지 말라', '분석하지 말라', '권위에 복종하라' 등의 주장을 통해 주님을 추구하려는 일부 젊은이들의 마음과 의지를 통제했습니다. 우리는 우리의 감정과 생각과 의지 속에서 이렇게 반혁명분자의 포로가 되는 것입니다."

"또한 그들은 다른 한 면으로는 우리에게 '국가를 사랑하라'고 말하는 척하곤 하였습니다. 이제 젊은이들의 마음은 죽은 것처럼 차가워졌는데 어떻게 국가를 사랑할 수 있겠습니까? 워치만 니의 반혁명 집단이 표방하는 '애국심'은 젊은이들에게 애국심의 외피를 걸치도록 가르치는 것에 불과합니다. 그들은 우리에게 애국심을 갖도록 립 서비스를 제공하지만, 우리가 옳은 것에 의해 움직이는 것은 허용하지 않습니다. 이것은 젊은이들을 이중적인 사람들, 즉 겉으로는 애국심이 있지만 실제로는 모든 것에 흔들리지 않는 사람들로 중독시키고 죽이고 있었습니다. 그리고 그들의 음모는 젊은이들을 독살하고 차가운 사람들이 되게 하는 것뿐만 아니라 사람들에게도 차가운 사람들이 되어 나라와 인민들을 배신하는 사람들로 만드는 것입니다. 그들은 악의적으로 애국심과 종교 사이에 모순을 만들고, 젊은이들이 주님을 사랑하는 열정으로 주님을 추구하는 것과 애국심을 동시에 갖는 것이 불가능하다고 잘못 믿게 했습니다. 따라서 애국심과 종교를 사랑하는 것 사이에 모순이 있다고 생각하게 하여 모든 진보적 활동에 지치도록 하였습니다. 교활하고 축적된 도발과 중상모략으로 젊은이들의 마음이 타락하여 그들은 본질적으로 부패하게 되었습니다. 정의와 옳고 그름에 대한 감각과 조국에 대한 사랑이 없는 젊은이들, 새로운 진보 사회를 싫어하는 이들, 반민족적 관점에서 활동을 수행하는 이들로 바뀌게 되었습니다. 차츰차츰 주님을 사랑하는 것에서 반혁명적인 것으로, 하나님의 뜻에서 멀어지는 것으로, 기만당하고 이용당하는 것에서 사람을 기만하고 이용하는 것으로 변했습니다. 무의식적인 상태에서 발전하여 의식적으로 사람들을 반대하는 절망적인 길에 들어서게 하고, 이 반혁명 집단의 후계자가 되게 하며, 의식적으로 반혁명 활동에 참여하게 합니다. 이것이 청년들을 독살하려는 반혁명가들의 최종 목표입니다. 이것은 또한 제가 가장 슬프고 분개하는 것입니다!"

"어떤 사람들은 워치만 니가 반혁명주의자이지만 말을 잘한다고 말합니다. 나는 이것이 완전히 잘못되었다고 생각합니다. 워치만 니와 같은 반혁명 세력은 성경을 왜곡하고, 성경을 사용하여 형제자매를 속입니다. 드리는 문제도 사도행전에서는 모든 사람이 공용으로 물건을 나누지만, 모든 사람에게 필요에 따라 주어야 한다고 말했습니다. 성경은 또한 '네가 가진 모든 것을 가난한 이에게 주라'고 말합니다. 따라서 필요한 사람에게 '준' 후 그들을 돌봐야 합니다. 그러나 워치만 니와 같은 반혁명 세력은 성경 말씀의 전반부만 사용하여 자신들이 사용하고, 후반부처럼 도움이 필요한 사람들에게 쓰지 않았습니다. 우리가 모든 것을 하나님께 드리는 것은 옳은 일이지만, 과거에는 우리가 모든 것을 반혁명 분자들에게 넘겼습니다. 성경을 잘못 해석하는 반혁명가들의 악에 대해 우리가 비판하는 것이 성경을 비판하는 것입니까? 아닙니다. 우리는 반혁명 분자들에 의해 퍼진 독을 비판하고 있습니다. 성경 진리에 관해서는, 저는 성경의 모든 단어가 진리라고 생각하며, 진리는 시간과 공간에 의해 제한되지 않으며 결코 변하지 않는다고 생각합니다."

"세상을 사랑하지 않는 문제에 대해서도, 아마도 성경이 육체의 욕망, 눈의 욕망, 생활의 허세라고 부르는 것을 말하는 것 같습니다. 그러나 나는 세상의 모든 것이 나쁘다고 생각하지 않습니다. 하나님도 우리가 즐길 수 있도록 아름다운 백합화와 아름다운 풍경을 세상에 창조하지 않으셨습니까? 왜 하나님께서 세상을 지옥처럼 만들지 않으셨을까요?" 그녀는 미소를 지으며 말했다. "과거에 저는 아름다운 것을 보는 것이 두려웠고 꽃과 초원이 모두 죄라고 생각했습니다. 과거에는 영화 보고 노래하고 춤추는 것이 범죄라고 생각하고 두려워했습니다. 최근에 상하이 송 무용단의 공연을 보러 갔었는데, 신강 무용 공연이 매우 아름답다고 생각했기 때문에 국경에서 멀리 떨어진 소수 민족을 그리워했습니다. 마오쩌둥 의장을 찬양하는 노래를 들었을 때, 나는 지도자에 대한 인민들의 애정을 깊이 느꼈고, 내가 새로운 중국에서 사는 것이 얼마나 행복한지를 느꼈습니다. 과거에는 백화점에 가지 않았지만 최근에는 백화점에 갔습니다. 저는 많은 사람이 물건을 사는 것을 보았고, 이런 사람들의 구매력이 증가하여 조국을 더욱 사랑하게 되는 것도 보았습니다. 이 생각은 범죄일까요 아니면 정욕일까요? 이런 생각은 건전한 것입니다." 릴리 슈는 여전히 '정욕'과 '자존심'에 대해 '엄격하며 자신이 탐닉에 빠지지 않을 것'이라고 강조했다.

또한 그녀는 차분하게 "모든 것을 하나님께 드리라면 계속 그렇게 하겠습니다."라고 말했다. "이제 저는 국가와 종교를 사랑하는 데 모순이 없다고 느낍니다. 최근에 저는 형제자매들이 주님을 사랑하고 애국심을 위해 옳고 그른 것을 분별하며 굳건히 서도록 도왔습니다. 앞으로 저는 사람들이 사업에 더 많은 시간과 힘을 쏟을 것이라고 보며, 이것이 하나님 앞에서 가치 있는 일이라고 생각합니다. 하나님을 사랑하고, 인민을 사랑하고, 나라를 사랑하고, 종교를 사랑하는 것이 한결같으며, 성경의 교훈이

기도 하고, 그렇게 하는 것이 사랑의 실천이라고 생각합니다.”

이 시점에서 나는 릴리 슈의 흥분된 대화를 중단하고 그녀에게 최근의 종교 생활에 대해 계속 이야기해 달라고 요청했다. “정부가 워치만 니의 반혁명 집단의 지도자들을 체포한 지 일주일 후인 어제도, 제가 믿는 하나님과 그분의 말씀이 반혁명과 아무런 공통점이 없기 때문에 집회에 계속 참석했고, 저는 순수한 종교 생활을 지키고 싶었습니다.”

그런 다음 그녀는 나에게 “종교 생활을 편안하게 할 수 있습니까?”라며 반문하였다. 그러고 나서 다시 그녀는 단호하게 말했다. “제 마음은 여전히 하나님을 향하고 있고, 여전히 성경을 읽고 기도하며, 최근에는 이전에 주의를 기울이지 않았던 거룩한 진리를 더 많이 볼 수 있습니다.” 그녀는 예를 들었다. “시편을 읽을 때 나는 하나님의 의에 각별한 주의를 기울였고, 옛날에는 온 나라 사람들이 사심 없이 수고하고 있었기 때문에 나 자신의 불의도 보았습니다. 이것은 얼마나 큰 빚과 수치입니까! 한편으로 하나님께서 세상을 얼마나 사랑하시는지 알게 됐고, 성경은 하나님께 축복받은 자녀들뿐만 아니라 아들의 죽음을 슬퍼하는 나인의 과부와 같은 모든 사람을 사랑하신다고 말씀하고 있습니다. 그녀는 주님을 따르는 이가 아니었지만 주님은 자비를 베푸셨습니다. 우리는 비기독교인들과 얼마나 달랐고, 주님의 사랑의 마음에는 얼마나 무관심했는지! 과거에는 우리가 주님을 추구하려고 대가를 치렀지만 그것은 주님의 뜻에 어긋나는 일이었고, 이 책임은 워치만 니와 같은 반혁명 세력이 져야 합니다.”

그녀는 애석한 어투로 계속 말했다. "과거에는 우리가 영적이라고 생각했지만 이제는 우리가 깊이 중독되었다는 것을 알고 있습니다. 과거에 우리가 반혁명 분자들에 의해 완전히 속았기 때문입니다. 이제 저의 믿음은 여전히 동일하며 깨끗합니다. 앞으로도 저는 여전히 주님을 사랑하고 나라와 종교를 사랑하는 길로 나아갈 의향이 있습니다. 저는 이 길을 가는 제 인생이 더 길어질 것이라고 믿습니다. 앞으로도 저는 계속해서 믿음을 갖고, 성경의 모든 획을 믿으며, 하나님 앞에서 다른 교회의 빛을 기꺼이 흡수할 것입니다. 과거에는 다른 교회들과 단절되어 있었지만, 앞으로는 그들과도 단합을 굳건히 하고 또 다른 교회로부터도 배워야 합니다." 그녀는 미소를 지으며, 문은 더 이상 닫힐 수 없으며 영적으로나 정치적으로 현명하게 대가를 치르게 될 것이라고 말했다.

마지막으로, 그녀는 유쾌하고 자신 있게 말했다. "상하이 기독교 집회소는 이번에 숨어 있던 반혁명 분자들을 제거했으며, 형제자매들은 반드시 애국심과 교회 사랑의 길로 나아갈 것입니다. 저는 (상하이) 교회가 번영하고 미래가 있을 것이라고 믿습니다."

인터뷰를 마치니 점심시간이 다 되었다. 그녀가 일어섰을 때, 그녀는 천풍(삼자 애국 교회 발행)을 가리키며, "과거에 우리는 천풍을 싫어했고, 심지어 천풍에 대한 생각을 표현한 모든 사람도 싫어했습니다."라고 말했다. 그러고는 우리는 둘 다 웃었다. 우리는 공통된 경험을 가지고 있었다. 오늘날 반제국주의와 애국심의 기치 아래 우리는 밀접하게 연합되어 있었다. 우리 모두는 교회 안에 숨어 있는 반혁명분자들에 맞서 싸우기 위해 온 힘을 다할 각오이다! 마지막으로, 우리는 악수를 하고 작별 인사를 하였다.

출처: 천풍 제500호(1956년 2월 29일), 8-10쪽

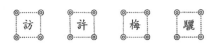

해당 신문과 기사

理講得还不错。我經为这是完全錯誤的。倪析声等反革命分子歪曲聖經、利用聖經来来騙弟兄姊妹，如「变出来」的問題，根据使徒行傳，是把自己的东西給大家公用；但聖經上同時說要那大家所需要的分给各人；聖經上又說：要把你所有的分给窮人。因此，「变出来」后应照顾那些需要的人。但是，倪析声等反革命分子却是利用了聖經上記載的前一半（变出来），而沒有奉行后一半──把所有的分给有需要的人。我們把一切交給神是对的，但是，過去我們一切想上却是交給了反革命分子了。至于我們批判反革命分子歪解聖經的罪是否就是批判了聖經呢？不是的。我們批判反革命分子所散佈的毒素。至于聖經中的真理，我覺得聖經中每一句話語都是真理，真理是不受時、空間的限制的，而且又是不变的。正如我批判胡風反革命集團披着馬列主义外衣進行反革命活動，並不等於批判馬列主义一樣。

"關於不要这个世界和世界上的事的問題，我覺得这是指着聖經中所說的肉体的情慾、眼目的情慾并今生的驕傲，这些，我是不爱的。但是，过去我不去看电影、歌舞，認为这是犯罪。最近，我去看了上海歌舞团的演出，我認为演出的新疆歌很美，使我怀念起远居边疆的少数民族。当我听到甜美的頌讚毛主席的歌聲時，我深深地体会到人民對領袖的熱愛，使我感覺到自己生長在新中國是多么幸福呀！过去我不去百貨公司，但最近我去了，我看到許多人在購買东西，从这里使我看出祖國人民購買力的提高，使我更熱爱祖國！这种思想是犯罪是勸俭悲喜嗎？不，

这种思想是健康的。"然后，她又着重說明一下："我現在对於「情慾」驕傲还是最格的，我並不願意放縱自己。"

接着，她又从容地說下去：

"把一切獻給神，我覺得也还是如此的。現在我感到愛國愛教是不矛盾的。我最近帮助弟兄姊妹们学習，明辨是非，站穩立場，这是为了愛主，也是为了愛國。今后我將拿出更多的時間、力量去貢献给人民事業，我覺得这样在神面前越有价值的。我認为愛國愛教的教訓，这样做，才是愛的实踐吧。"

这時，她插着了許梅驪同道兴奮的談話，要来繼續談談她从前的宗教生活。許梅驪同道說："前天是政府逮捕了倪析声反动集團的第一个周年了，我繼續去寫了。从我所讀的神和祂的話語与反革命沒有絲毫共同的地方，純潔的宗教生活我是要持守的。"

接着，她用反問的口吻說："宗教生活是否可以放松呢"？然后，她肯定地回答道："不能，我的心仍然向着神，我还是讀經，禱告，而且最近讀聖經時更能看到从前所不注意的聖經真理。"她舉例說："在我讀詩篇的時候，我特別注意到神的公义，我也看到自己的不义，因为在过去的日子里，全國人民正在忘我地努力勞動着，而我却是坐享其成，这是多么虧欠和羞耻！"她繼續說："另一面我也看到神是何等的愛世人，聖經中告訴我們，神不只愛祂已蒙恩的兒女，而且也愛所有的人，如拿因城的那因兒子死了悲傷，她並不是跟隨主的人，但主一樣对她動了憐憫的心。过去我对非基督徒却是冷漠無情的，这与主愛人的心是何等的不同呀！"她又默默地說道："过去我們雖付出了代价也去求主，但却与主的心意背道而馳，这个責任应該由倪析声等反革命分子來負的。"

接着，許梅驪同道饒惜地說道："过去我們自以为是屬灵的，現在才知道，我們中毒很深。因为过去我們完全是受了反革命分子的蒙敝与驅使。現在我的信仰还是一樣的，而且是蒙了潔淨了。以后，我还相信愛主，在愛國愛教的道路上前進。我也願意愛教收到的教会在神面前的亮光。过去我們与其他教会隔絕了，今后，应該要加強团結，向其他教会学習。"她微笑着說："門不能再關了，關門使我心靈情形上及政治認識上都要受損失。"

最后，她微秋自信地說道："上海基督徒聚会处处处充滿了明亮的反革命分子，弟兄姊妹们一定会在愛國愛教的道路上進来；我相信，教会是会興旺，是有前途的。"

談到这里，已將近午飯時刻，我就告辭了。她站起來時，指着"天風"說："过去我們恨「天風」，甚至恨「天風」上發表妄想的每一个人，現在我們人都和好了。我們似乎有共同的体会：今天在反帝愛國的旗幟下，我們緊密的团結起来了。我們都有决心，要貢献自己所有的力量与暗黑势力教会内的反革命分子斗争！最后，我們在这个共同的意願下欣然握手告别。

7-4

장시캉 형제의 회개

중요한 것은 릴리 슈가 폭로하는 이런저런 불미스러운 일들을 담은 증거 자료에 명시된 워치만 니의 필체와 서명이 위조된 것이라는 사실입니다. 따라서 장시캉 형제는 본인의 초고에 있던 관련 증거 자료 부분들을 모두 삭제했습니다. 저는 이 글 끝에서 이와 관련된 그의 추가 증언을 소개할 것입니다.

먼저 큰 틀에서 볼 때, 릴리 슈는 (앞에서 소개한) 중국 공산당 정부 기밀문서의 각본대로, 워치만 니와 적은 무리를 와해시킬 내부자 중 하나로 1955년 12월에 중국 공산당에게 '초대받아' 가서, 취조 혹은 회유를 당했다는 점이 중요합니다. 즉 릴리 슈는 공산당이 제시한 (워치만 니의) '교회의 두 여자 동역자와의 불륜', '누드 사진이 있는 영화 네거티브 한 조각'과 관련 증거들을 보았습니다. 그 후 그녀는 '리더에 대한 신뢰를 상실하고', '깊은 수치심과 혼란에 시달렸으며', 그 당시에 "내 믿음에 가해진 충격은 체포되어 감옥에 갇히는 것보다 훨씬 더 끔찍했다."라고 고백합니다. 심지어 그녀는 워치만 니를 '사기꾼'이라고 생각합니다. 그 후부터 그녀는 중국 공산당이 워치만 니와 적은 무리를 무너뜨리려는 각본 이행에 자발적으로 동역했습니다. 중국 공산당의 회유 작전이 제대로 효과를 본 것입니다.

이런 상황에서 릴리 슈는 '사무실에 있는 한 형제'(이 형제가 바로 별도의 회고록을 쓴 장시캉 형제임)와 '(정부 측) 연구 위원회를 대신하여 그녀(워치만 니에게 성적인 희생을 당했다는 여자 동역자)'를 방문하도록 파견되었다고 했습니다. 또한 "1956년 이때는 나이가 육십이 세가 된 거예요."라고도 말했습니다. 하지만 그런 일이 일어났다는 시기와 장소조차 모호합니다. 한 가지 분명한 것은 이런 일이 "워치만 니가 〈영에 속한 사람〉을 집필할 때였어요."라고 릴리 슈가 말한 점입니다.

지금부터 릴리 슈의 이런 증언들이 왜 믿을 수 없는지를 좀 더 구체적으로 살펴보겠습니다.

첫째, 워치만 니가 〈영에 속한 사람〉을 쓸 때(1926-1928년)는 그가 심각한 폐결핵을 앓아 그야말로 생사를 오가며 자기 몸 하나도 건사하기가 쉽지 않던 때입니다. 그런 상황에서 어떤 여인과 불륜을 저지르고, 심지어 상대의 (얼굴 부분이 없는) 나체 사진까지 찍었다는 주장은 상식적이지 않습니다.

둘째, 릴리 슈는 자신이 쓴 중국어판에서는 1931년에 그런 일이 있었다고 썼습니다. 그러나 그 후 영어판에서는 1926년에서 1931년 사이라고 수정하고, 증보판에서는 1926년에서 1927년 사이라고 다시 날짜를 고쳤습니다. 자신이 태어나기도 전의 일을 마치 눈으로 본 것처럼 증언하려니 이런 일이 생긴 것입니다. 세상 법정에서도 이처럼 일관성이 없는 증언은 증거 능력이 없습니다. 발생 장소인 '우슈'도 워치만 니가 투병하던 상하이에서 지금도 차로 서너 시간을 달려야 할 만큼 멀리 떨어진 곳입니다. 거의 죽을 만큼 아파서 침대에서 육 개월 동안 일어난 적도 없던 사람이 갈 만한 거리가 아닙니다.

셋째, 릴리 슈의 주장에 따르면, 상대 자매는 워치만 니보다 십여 년 연상입니다. 그 당시 중국 사회의 통념에 비춰 볼 때, 이런 나이 차이에서는 지속적인 불륜 관계가 가능하지 않습니다.

넷째, 또한 릴리 슈는 그 여자 동역자가 구링(鼓嶺) 훈련에도 참석했다고 증언했습니다. 그 당시 구링 훈련 센터에서 있던 몇 개월 간의 훈련에서 워치만 니가 거의 유일한 훈련 강사였습니다. 만일 그런 일이 진짜로 있었다면, 자기를 성적으로 괴롭힌 사람의 말을 그토록 오랫동안 들으며 앉아 있을 수 있다는 것은 상식에 속하지 않습니다.

다섯째, 무엇보다 결정적인 증거는 릴리 슈와 함께 연구 위원 중 한 명으로 그 여자 동역자를 면담했던 장시캉 형제의 태도 변화입니다. 즉 그는 중국 공산당에 의해 '증거들'로 제시된 워치만 니의 자필 고백서 필체와 그의 서명이 위조된 것을 발견하고, 위 사례를 포함하여 워치만 니의 부도덕성을 언급했던 모든 부분을 자신의 초고에서 삭제했습니다. 아래는 그의 추가적인 증언입니다.

"워치만 니 형제는 바람둥이가 아니었습니다. 1945년 태평양 전쟁에서 승리한 후 미국은 중국의 회복을 돕기 위해 상하이에 '국제연합 구제부흥사업국(UNRRA)'을 세웠습니다. 거기서 많은 물자와 음식과 일용품이 보급되었습니다. 상하이는 항구이며 많은 미군이 있었습니다. 밤에는 많은 미군이 기녀원(妓女院)을 찾아가 윤락 행위를 했습니다. 또한 많은 파렴치한 장사꾼들이 길가에서 미군에게 영어로 된 음란 서적을 많이 팔았습니다. 장시로(江西路) 생화학(生化學) 사무실 근처에도 음란 서적을 파는 가판대가 있었습니다. 이것은 1947년에 가장 유행했는데, 1948년에 내가 생화학 사무실에 들어갔을 때 니 형제님의 사무실에서 이런 음란 서적을 본 적이 없었습니다."

"1956년 2월에 워치만 니의 죄를 증명하기 위한 전시회에 전시된 음란 서적들은 모두 서명이 있는 오래된 중국어 서적이었습니다. 이 오래된 음란 서적은 어디에서 왔습니까? 나는 종종 중고 서점에 갔었지만 거기에서는 그런 책자를 본 적이 없습니다."

"리원웨이(李文蔚)의 말에 따르면, 법정에 많은 음란 서적이 진열되어 있었습니다. 판사가 그 책들이 워치만 니의 것인지 묻고 그의 것이라면 서명을 하라고 했습니다. 공개 재판은 1956년 6월 21일 상하이 고등 인민 법원에서 열렸습니다. 그러나 1956년 2월에 동인로(銅仁路) 보건학교에 전시된 낡은 중국어판 음란 서적에는 이미 워치만 니의 서명이 있었습니다. 그런데 어떻게 그가 공개 재판에서 서명하겠다고 말할 수 있겠습니까?"

"워치만 니에게는 양녀 우슈팡(吳淑芳)이 있는데, 그녀는 자신이 니와 간통했다고 말했습니다. 이것이 조작된 것이 아닌가요? 니가 직접 쓴 소위 자백서를 보았는데, 그 필체가 게가 기어다니는 필체 같았고 니의 필체 같지 않았습니다. 당시 직원은 그것이 니가 아플 때 썼다고 했지만 니의 필체를 아는 제가 알기로는 건강할 때나 병에 걸렸을 때나 니의 필체는 곧았고 게가 기어다니는 풀어진 필체가 아니었습니다. 저는 그것이 사실이라 믿지 않습니다."

"그렇지 않으면 니가 (과거에 상하이 교회에서) 어떻게 떳떳하게 음행을 범한 장즈항(姜子航)을 격리시키고, 이혼했다가 재혼한 니○○와 인(殷) 자매를 격리시킬 수 있었겠습니까? 당시 종교국 로주펑(羅竹風) 국장은 마오쩌둥의 적대시 정책을 사용하여 사람들을 처리했습니다. 그러한 정책에 따라 적을 처리하는 데 모든 속임수를 동원하여 사람을 처리할 수 있었습니다.(장시캉 형제 회고록, 부록의 '내가 아는 워치만 니' 중에서 발췌)

어떤 분들은 이렇게 생각할 것입니다. '워치만 니는 본인이 볼 때 사실과 다르다면, 왜 자필 자백서를 쓰고 증거 목록에 서명까지 했는가? 그 동역자라는 자매는 그런 사실이 없었다면 왜 조사하러 온 사람들에게 이런 루머는 다 사실이 아니고, 공산당이 조작 또는 회유해서 만들어진 이야기라고 솔직히 말하지 않았는가?'

그러나 그 당시 상황은 그렇게 말하기가 어려운 시대적인 공포와 압박이 온 인민을 누르고 있던 때임을 잊으면 안 됩니다. 구소련에서 스탈린의 통치는 여의치 않으면 즉각 처형하는 공포 정치였다면, 마오쩌둥 시대에는 교묘하게 인민을 회유 혹은 강압하여 정부 정책을 거부하지 못하게 했다고 합니다. 예를 들면, 말을 듣지 않으면 주변 가족이나 지인들에게 해를 가하겠다고 위협하거나 혹은 솔깃한 당근을 제시하는 식입니다. 6.25전쟁을 겪은 세대는 북한군 점령 시절을 떠올려 보면 쉽게 이해가 될 것입니다.

워치만 니나 릴리 슈나 위의 여자 동역자 모두가 말로 다 설명할수 없는 답답하고 어려운 상황 속에서 나름대로 최선이라고 생각하는 처신을 했을 것입니다. 아마도 워치만 니는 무려 사 년 동안의 불법 투옥 기간 중에 자필 자백서를 쓰라는 끊임없는 요구에 저항하고 결코 쓰지 않았기에, 누군가가 '게가 기어다니는 필체로' 대필을 했을 수 있습니다. 또한 부도덕한 증거들 위에 서명을 하라는 강압적인 요구 앞에 평소 습관과 달리 '니토슈'가 아닌 '니토생'으로 서명하여 자신의 본의에 따른 서명이 아님을 간접적으로 말하려고 했는지도 모를 일입니다. 우리는 그 사정을 다 알 수 없습니다.

그러나 한 가지는 분명합니다. 중국 공산당 정부가 직간접적으로 관여하여 생산된 증거 자료들이 그 자체가 확고부동한 증거 능력을 가진 것이 아니라고 믿는 것은 공정하고 상식에 속한다는 점입니다. 특히 같은 사건에 대해 같은 목격자였던 장시캉 형제가 릴리 슈와는 전혀 다른 증언을 하는 경우에는 더욱 그러합니다.

8

릴리 슈에 관한
사실들

8장
릴리 슈에 관한 사실들

    지방 교회 측 중국어권과 영어권은 릴리 슈가 〈나의 잊을 수 없는 기억들〉이란 제목의 책을 십수년 전에 중국어(간체, 번체)와 영어로 출판한 것을 알았지만, 무대응으로 일관해 왔습니다. 왜냐하면 그 내용이 거짓되고 편집이 조잡하여 대응할 가치가 없었기 때문입니다.

    따라서 아래 간략한 내용은 지방 교회 측이 공식 반응한 유일한 것입니다. 이 자료는 현재 인터넷상에 소개되어 있습니다. https://shepherdingwords.com/facts-concerning-lily-hsu/

    "워치만 니가 부도덕한 행위를 했다고 고발한 릴리 슈가 사비로 출판한 책을 읽는 독자들은 책 뒤에 가려진 이야기를 알아야 합니다. 릴리 슈는 자신이 '기억들'이라고 주장하는 내용에 대해서 그 일에 대한 직접적인 지식이 거의 없는, 1950년대 초반 상하이 교회 젊은이들 중 한 명의 새로운 봉사자였습니다. 중국 공산당이 1949년 중화인민공화국 (PRC)을 건국했을 때, 권력을 강화하기 위한 전략 중 하나는 실제로 인식된 적들과 경쟁자들을 상대로 '투쟁 캠페인'을 시작하는 것이었습니다. 제거되어야 할 '계급의 적들'에 대해 증오심을 불러일으키기 위해 군중집회와 매스 미디어와 훈련된 선전가들이 활용되었습니다. 열기가 무르익었을 때, 국가의 '적들'에 대한 조치를 촉구하도록 신중하게 작성된 원고를 읽는 공개 고발 집회와 공개 재판이 수행되었습니다. 이 전략은 이웃과 동료들 심지어 가족까지도 국가에 충성하지 않는 범죄들을 서로 고발하면서 오래된 신뢰 관계를 무너뜨리는 데 성공했습니다. 수백만 명의 평범한 시민들과 심지어 (공산) 당원들까지도 누명을 쓰고 투옥되었고, 심지어 처형을 당했습니다."

"1951년 10월에 중국이 한국전쟁에 참전한 후에 모든 외국인 선교사를 추방하려는 광범위한 고발 운동이 시작되었습니다. 간첩, 강간, 살인 등의 극악무도한 범죄에 대한 조작된 증거를 바탕으로 이 선교사들에 대해 날조된 혐의를 담은 선전물을 배포하는 캠페인이 전개되었습니다. 선교사들이 떠나면서 중국 내 지방 교회들의 숫자는 폭발적으로 증가했습니다. 중국 공산당 지도자들의 정치적 사고방식으로는 이것은 위협이 되었기에, 1952년 4월 10일에 워치만 니는 재정 범죄 혐의로 체포되어 투옥되었습니다. 정부 내부 문서는 중국 관리들이 워치만 니의 사역이 확산되고 지방 교회들이 증가하는 것을 억제하기 원했음을 보여줍니다."

"1956년 1월 중화인민공화국은 상하이 교회 집회소를 점거했고 중국 전역의 지방 교회들에서 수많은 동역자들과 인도자들을 체포했습니다. 동시에 '워치만 니의 반혁명 분파'를 비난하기 위한 전국적인 대규모 고발 집회를 포함하여 워치만 니에 대한 대규모 반워치만 니 선전 캠페인이 시작되었습니다. 2월 2일에 해방일보는 '최근 정부는 오랫동안 종교의 외투를 입고 반혁명 활동에 종사해 온 워치만 니의 반혁명 집단을 무너뜨린 것에 대해 내 마음은 형언할 수 없는 기쁨과 통쾌함을 느꼈고, 우리에게 이렇게 큰 악을 제거한 정부에 진심으로 감사드린다.'로 시작하는 릴리 슈의 '고발합니다(I Accuse)'를 보도했습니다. 당시 릴리 슈는 자기 마음이 변한 이유를 이렇게 설명했습니다. '몇 달 동안 조직에서의 철저한 교육을 받은 후, 나는 마침내 깨어났고 그들을 혐오했으며, 그들의 추악한 반혁명 운동의 속내를 많이 폭로했다. 나는 워치만 니의 반혁명 집단이 '연로한 형제자매들'이 아니라 양의 탈을 쓴 가장 위험한 늑대 무리이고, 청소년을 독살하는 범죄자의 우두머리라는 것을 깊이 느낀다.' 그녀는 그들의 투옥 소식을 알리며 이렇게 말했습니다. '이제 정부가 이 반혁명분자들을 체포했으니 정말 기쁘다!' 릴리 슈는 자신의 책에서 워치만 니를 고발하도록 자신에게 가해진 극심한 압력에 대해 설명하지만, 정작 자신이 고발한 부끄러운 내용은 건너뜁니다. 그 당시 그녀가 한 비난은 본질적으로 완전히 정치적이었고, 그녀가 나중에 기억들이라고 주장한 외설적인 내용들은 전혀 포함되지 않았습니다."

그러한 '기억들'은 2월 8일에 공안국이 '워치만 니의 반혁명 단체'의 '범죄 활동' 증거로 제시한 것에서 얻어진 것입니다. 그 증거에는 워치만 니가 자필로 쓴 '자술서'가 포함되었고, 불법 자료들에는 그의 서명이 있었습니다. 이것들은 일부 교회 성도들의 믿음을 흔들었습니다. 6월에 있었던 워치만 니의 공개 재판에서 릴리 슈와 장시캉을 포함한 8명(혹은 10명)의 교인들이 고발에 가담했습니다. 총 2,296쪽에 달하는 기소장에서 중화인민공화국은 워치만 니를 일련의 범죄로 고발했습니다. 그런 비난들은 다음과 같이 터무니없는 것들이었습니다. "(워치만 니가) 정부 전복을 위해 무기를 비축했고, 마약을 거래했으며, 여성을 매춘부로 노예화했고, 물과 수력 발전소를 폭파하려고 했으며, 거머리가 가득 담긴 소라를 비행기에서 강과 호수에 떨어뜨리라고 장제스(蔣介石)에게 조언했고, 세균전 수행을 지원했으며, 수십억 달러의 공금을 횡령했고, 수많은 여성을 강간했다."

"릴리 슈가 쓴 책 내용의 대부분은 장시캉의 회고록 초고를 기반으로 합니다. 그러나 장시캉은 첫 번째 초안을 작성한 후에 워치만 니를 비난하는 '증거'를 검증했고, 자신의 초기 평가를 철회했습니다. 워치만 니의 제약 회사와 개인 도서관의 지배인이었던 장시캉은 워치만 니의 자필과 서명에 대한 개인적인 지식이 있었습니다. 그는 자백서의 장시캉 형제는 공산당이 제시한 워치만 니의 자료에 들어 있는 '서명들'이 위조임을 고백하고, 1983년에 체포되어 투옥되었습니다."

"미국 사회의 많은 고위 인사들이 비난을 받을 만한 행동을 하고 텔레비전 전도사와 대형 교회 목사들의 스캔들이 넘쳐 나기 때문에, 많은 이들이 부도덕에 대한 비난을 사실로 받아들이는 경향이 있습니다. 그러나 1950년대 중국에서 제기된 의혹에 대해 그렇게 접근하는 것은 현명하지 않습니다. 강한 압력은 거짓 기억을 각인시키거나 근거 없는 비난에 몰두하게 만들 수 있고, 강압적인 전술을 통해 도출된 비난은 신뢰할 수 없다는 악명이 높기 때문에 진실을 밝히는 데 쓸모가 없습니다. 선교사들에게 씌워진 범죄는 그들의 추방을 정당화하려는 정치적인 동기가 있었습니다. 중국 정부는 후에, 1950년대 후반에 있었던 반우파 캠페인 중 삼백만 명의 당원이 거짓 고발을 당했음을 인정했습니다. 중국인민공화국은 워치만 니를 중국인들의 마음과 정신에 대한 경쟁자로 보았고, 그러한 이유로 그의 영향력을 차단하려고 했습니다. 그러므로 그에 대한 중국의 비난에 신빙성을 부여하는 것은 역사를 무시하는 것입니다."

9

허점투성이인 릴리 슈의
책을 번역 소개한
유동근 목사는 누구인가?

9장
허점투성이인 릴리 슈의 책을 번역 소개한 유동근 목사는 누구인가?

독자들은 유동근 목사가 누구이며 왜 그는 자신의 아내를 통해 릴리 슈의 책인 〈워치만 니와 상해 지방 교회—나의 잊을 수 없는 기억들〉이라는 책을 번역하게 하고 아들을 통해 출판했는지 의아해할 수 있습니다.

참고로 그는 1970년대 후반에 이미 D시에서 지방 교회 측 생활을 하고 있던 자신의 누나들을 통해 교회생활을 시작한 것으로 알려져 있습니다. 그 후 그는 여러 이유로 2000년 9월경에 지방 교회 측을 떠나서 자신을 따르는 일부 성도들과 함께 교회를 개척하여 자신의 길을 갔습니다.

그는 원래 워치만 니를 사숙이라고 칭할 정도로 그의 가르침에 깊은 영향을 받았던 사람입니다. 실제로 지금의 그의 설교를 들어보면 워치만 니의 영향이 짙게 배어 있습니다. 그럼에도 불구하고 그는 무슨 이유인지는 몰라도 지금 릴리 슈의 책자 내용을 토대로 한 유튜브 제작, 릴리 슈의 책자 번역 출판 등을 통해 격렬하게 워치만 니를 증오하며 반대하고 있습니다.

유동근 목사는 워치만 니에 대해 비방한 내용을 담은 한 유튜브 영상에서 워치만 니가 1948년 4월 24일에 전한 메시지에서 십 년 내에 중국 전역을 복음화하겠다는 구상을 했다고 비판했습니다. 무신론자들인 마오쩌둥 정권 입장에서는 이런 모습이 체제 전복 활동으로 보일 수 있기에 이해할 만합니다. 문제는 하나님의 사역자를 자처하는 유동근 목사의 처신입니다. 믿는 이들의 상식적인 시각으로는 그 어려운 시기에 중국 전역을 십 년 내에 복음화하겠다는 것은 전혀 비판받을 일이 아닙니다. 그런데도 유 목사는 이에 대해, (워치만 니가) "중국을 종교적으로 통일하려고 했다.", "정치적인 사람이다.", "혜안이 부족했다.", "욕심만 잔뜩 있었다.", (사모의 말을 받아) "혼자 똑똑해했다." 등의 감정이 섞인 말을 쏟아 내었습니다.

유 목사는 또한 릴리 슈의 책에서 워치만 니의 부도덕한 일들을 언급한 곳을 소개할 때는 마치 물 만난 물고기처럼 보입니다. 아마도 이런 일들이 자신을 통해 한국 교계에 밝혀지면, 지방 교회 측 성도들은 물론이고 워치만 니를 존경하는 교계 인사들까지 충격을 받아, 그에 대한 존경심이 무너지고, 그의 저서들에 대한 입맛도 떨어지게 할 절호의 기회로 생각하는 것 같습니다.

유 목사는 아마도 (1) 자신의 이런 활동으로 이단 변증 분야에서 자신의 존재감을 과시하고 싶었거나, (2) 지방 교회 측을 떠난 자신이 옳고 지방 교회 측이 틀렸음을 보여 주는 일종의 자기 합리화의 수단으로 활용하고자 했거나, (3) 자신의 아내는 이 책의 번역자로, 아들은 출판으로, 본인은 책 홍보자로 참여하여 책 출판을 통해 얻는 금전적인 이득을 고려했을 수 있습니다. 비록 우리가 그 속을 다 알 수 없지만, 훗날 그리스도의 심판대 앞에 섰을 때 모든 것이 밝히 드러나게 될 것입니다(고후 5:10).

끝으로, 유동근 목사는 자신을 미국에서 신학을 공부한 목사라고 하고 또 어떤 곳에서는 심지어 PhD 박사라고 소개해 왔습니다. 그러나 코람데오 형제는 이 책 뒤에 부록으로 수록된 '유동근 ─ 그는 형제인가, 목사인가, 박사인가?'라는 글에서 이런 그의 주장에 대해 여러 가지 면에서 의혹을 제기하며 유동근 목사 본인의 해명을 촉구했습니다. 그러나 그는 이에 대해 아직 답변을 하지 않고 있습니다.

10

공산 정부-릴리 슈-유동근 목사의
어두운 커넥션

10장
공산 정부–릴리 슈–유동근 목사의
어두운 커넥션

유동근 목사는 이 몇 년 사이에 유튜브를 통해서 반복해서 워치만 니를 비판하는 내용을 싣고 있습니다. 그러나 그 내용들이 얼마나 편향적이며 사실과 거리가 있는지에 대해 좀 더 구체적으로 살펴보고자 합니다.

유동근 목사는 릴리 슈의 저서 〈나의 잊을 수 없는 기억들〉의 내용에 기초해서 만든 자신의 일곱 번째 유튜브에서, 릴리 슈가 워치만 니가 투옥될 당시에 그의 변호사의 조수와 나눈 내용 일부를 소개했습니다. 즉 워치만 니를 자주 접견했던 변호사의 조수의 증언에 따르면, 워치만 니는 유일한 희망이 목숨을 유지하는 것이고, "제발, 저를 총으로 쏘지 말아 주세요."라고 말했다는 것입니다. 유 목사는 "이게 무슨 얘기냐 하면, 워치만 니가 속 다르고 겉 다른 부분이 있다는 것이다." "굉장히 단호해 보여도 속은 한없이 물렀다." "예민하고 센스티브하고 겁이 많았다, 이런 뜻이에요."라고 덧붙였습니다.

유 목사의 의도는 워치만 니가 홍콩에서 중국 대륙으로 돌아갈 때 순교를 각오한 것처럼 알려졌지만, 사실은 그렇지 않았다는 말을 하려는 것입니다. 또한 감방 동기이자 그를 통해 거듭난 우요치 형제를 통해 전해진, 워치만 니의 감옥 생활에 대한 좋은 간증들을 뒤집으려는 속셈도 엿보입니다.

그러나 이런 말들은 워치만 니 투옥 당시의 변호인이 중국 공산당에 의해 임명된 정부 공무원, 즉 '공소 변호인'이었고(법무 법인 지평, '중국의 변호사 제도'라는 칼럼 참조(2010년 1월 5일자)), 오늘날 우리가 생각하는 그런 변호사가 아님을 감춘 간교한 사실 왜곡일 뿐입니다. 그 당시 이런 변호인들의 주된 임무는 요즘처럼 의뢰인의 권익 보호가 결코 아니었습니다. 그 대신 주로 정부 정책을 따르도록 죄수들을 설득하고, 그들의 동정을 파악해 정부에 전달하는 것이었습니다. 쉽게 말해서, 워치만 니의 평판을 깎아내리고 그의 영향력을 최소화하는 데 필요한 어떤 말도 지어내어 퍼뜨릴 수 있는 이들이었습니다.

릴리 슈가 중국을 떠나 미국에 와 있는 현재에도 이런 중국의 친정부 인사들과 친분을 이어 가고 있다는 사실은 많은 것을 시사합니다. 즉 그녀의 정체성이 여전히 무신론자들인 중국 공산당의 기조와 맞닿아 있음을 역설적으로 보여 줍니다. 이를 뒷받침하는 증거도 있습니다. 삼자교회 고위 지도자 중 하나인 曹圣洁는 자신이 쓴 〈구술 역사(口述历史)〉(상하이 도서 출판사, 2016년)에서, 릴리 슈의 책을 읽었다며 그녀를 다음과 같이 평가합니다. "(대학생 때 워치만 니를 고소했던 태도를 계속 유지하는 것을 볼 때) 릴리 슈는 매우 정직하고 존경받을 만한 사람이다."(说明她是真诚的人,

值得敬佩)"(70쪽) 이런 그녀의 모습은 아래에 소개할 장시캉(張錫康) 형제와 대조됩니다.

유 목사는 이런 배경의 저자의 책을, 자기 아들 소유인 벧엘출판사를 통해 번역 출판하여, 한국 교계에서의 워치만 니의 평판에 일격을 가하겠다고 공언합니다. 여기서 우리는 중국 공산당에서 릴리 슈로, 릴리 슈에서 유동근 목사로 이어지는 연결 고리를 봅니다. 이것은 일종의 어두운 커넥션일 뿐입니다.

한편 마오쩌둥의 공산 혁명이 성공하면서 상하이 교회에 파도처럼 밀려온 시련의 기간을 기록한 사람은 위의 〈나의 잊을 수 없는 기억들〉의 저자인 릴리 슈만이 아닙니다. 워치만 니가 심하게 폐결핵을 앓을 때 자기 집에 있게 하고 극진히 간병했던 장광룽 형제의 아들인 장시캉도 자신이 겪은 일들을 '상하이 교회 육십 년을 돌아보며'라는 부제를 달아 회고록으로 남겼습니다. 장시캉 형제 역시 워치만 니를 공개 비난했던 열 명 중 한 명이었지만, 그 후 깊이 회개했습니다.

장시캉 형제는 자신의 회고록에 '내가 아는 워치만 니'를 부록으로 첨부했습니다(507-517쪽). 그 내용에 따르면, 그는 자신이 일곱 살 때인 1928년부터 워치만 니가 부친의 집에 드나드는 것을 보았습니다. 워치만 니가 폐결핵을 앓다가 말씀을 붙들고 믿음으로 일어서서 진땀을 흘리며 계단을 내려오자 즉시 치유를 경험했다는 그 집이 바로 장 형제의 집이었습니다. 그는 매우 분주했던 워치만 니가 자기에게 온 서신들에 대한 답장을 부친에게 부탁했다고도 증언합니다.

놀라운 사실은 릴리 슈가 쓴 책의 상당 부분이 장시캉 형제의 회고록 초고에 기반했다는 점입니다. 그러나 장 형제는 초고를 작성한 후에 워치만 니를 비난하는 '증거들'을 재검증했고, 자신의 초기 평가를 뒤집었습니다. 특히 그는 자신의 초고에 기록했던 워치만 니와 관련된 부도덕한 사건들이 조작에 의한 것이었음을 발견하고 후에 출판된 책에서 모두 삭제했습니다.

　워치만 니 제약 회사의 재정 담당 지배인이자 그의 개인 도서관 사서였던 장 형제는 워치만 니의 자필과 서명에 대한 개인적인 지식이 있었습니다. 그런데 나중에 기회를 붙잡아 그 증거들을 자세히 보았을 때, 모든 증거에 쓰인 워치만 니의 필체와 사인은 그의 것이 아니었음을 발견했습니다. 즉 워치만 니는 일관되게 교회 관련 문서에는 '니토셍'(영어 이름은 워치만 니임)으로 적고, 교회와 무관한 세상 관련 문서들에는 '니토셍'이 아닌 자신의 고유한 이름인 '니 슈토'(Ni Shu tsu)라고 적어 왔습니다. 하지만 위 증거 자료들은 모두 '니토셍'으로 서명되어 있었습니다. 그의 필체 또한 마치 '게가 기어다니는 것' 같았고, 평소의 워치만 니의 필체와는 확연히 다른 것을 확인했습니다.

　그러므로 장시캉 형제는 워치만 니의 자백서의 필적과 불법 자료에 들어 있는 '서명들'이 위조임을 인정하고, 1983년에 체포되어 투옥되었습니다. 이런 그의 삶은 자신의 과오를 감춘 채 여전히 중국 공산당의 주장을 반복하고, 의사가 되어 출세의 길을 갔던 릴리 슈의 삶과 비교가 됩니다.

또한 아래 내용은 워치만 니가 자격도 없고 초청받지도 않은 채, 자신의 개인 유익을 위해 임의로 '옵저버' 자격을 얻어 베이징 모임에 갔다는 릴리 슈와 유동근 목사의 주장을 뒤집는 좋은 자료입니다. 속사정을 모르는 외부인의 눈엔 그렇게 보일 수도 있습니다. 그러나 사실은 중국 공산당 정부 당국이 오스틴 스팍스 그리고 영국 형제회와 워치만 니의 관계를 의심하여, 워치만 니 본인이 직접 와서 상세히 설명해 달라는 공식 요청을 받고 베이징에 갔던 것입니다.

이것은 그 당시 젊은 대학생에 불과했던 릴리 슈의 주장과 판단이 얼마나 피상적이고 주관적이었는지를 보여 주는 좋은 예입니다. 문제는 워치만 니에 대해 비판하는 검증도 안 된 이런 자료에 고무되어, 임의로 추측성의 말을 보태는 유동근 목사의 태도입니다. 자신이 참으로 하나님의 종이고 사역자라고 생각한다면, 이 일에 대해 지금과 달리 좀 더 신중하게 처신할 필요가 있습니다.

이제 장시캉 형제의 회고록 중 관련 내용을 소개해 보겠습니다 (전문 번역이 아니기에 큰 흐름만 참고함).

장시캉(張錫康, Samuel Zhang) 형제의 〈회고록〉, 제18장
'인민 해방 이후부터 그의 투옥 전의 워치만 니 형제의 일' 중에서
(중국어판, 178, 180쪽).

(178쪽)
"워치만 니 또한 그 모임에 참석하려고 베이징으로 갔다.

많은 사람이 그를 주목하고 있었고, 그 또한 자신이 주목받고 있음을 알았다. 그 당시 정부는 우리가 인민의 편에 확고하게 선다는 것을 선전하고 있었다. 난징로에 있는 집회소는 워치만 니가 반대하는 류람모가 이끌고 있었다. 워치만 니가 반대하는 이유는 다음 두 가지이다."

"첫째, 우리는 1922년부터 외국 선교사들 혹은 교단들과의 연대를 끊었는데, 그것은 우리가 스스로 가르치고 스스로 지원을 하는 지방 교회이기 때문이다. 우리는 제국주의와는 어떤 연관도 맺지 않았다. 이런 이유로 워치만 니는 등록하는 용지에 '제국주의로부터 원조를 받음'이라는 항목을 공란으로 남기고, 그 용지에 '아니요.'(문자적으로, 해당 사항 없음)라는 말을 추가했다."

"둘째, 워치만 니는 YMCA 사람들은 우리가 가진 것과 같은 믿음을 갖고 있지 않다고 느꼈다. 비록 그들이 그리스도인으로 자처하나 그들은 예수님께서 말씀이 육체가 되신 분으로 믿지 않았다. … 그는 우리가 그들을 받을 수 없다고 느꼈다. … 그는 그들을 '불신자 모임'이라고 불렀다."

"우리가 용지를 공란으로 하고 제국주의를 비난하지 않은 채로 제출하자, 우리는 삼자교회 인도자들을 반대하는 이들이 되었다. 이 때문에 종교국과 삼자교회가 우리를 의심하게 되었고, 우리가 저항하고 있고 뭔가 그들에게 숨기는 것이 있다고 생각하게 되었다. 그들은 워치만 니에게 와서 대화를 하자고 했고, 1932년에 방문차 상하이에 왔었던 형제회 모임의 여덟 명의 외국인들에 관한 모든 것을 자세하게 말해 줄 것을 요구했다. 그들은 또한 워치만 니에게 와서 1933년과 1938년에 오스틴 스팍스를 방문했던 두 번의 영국 여행에 대해 자세히 말해 줄 것을 요구했다."

"니 형제님은 그들에게 형제회 사람들은 우리를 방문하기 위해 왔었고, 우리에게 그들의 교단에 가입할 것을 요구했으나, 우리가 그것을 거절했음을 말해 주었다. 그는 편지 하나를 증거로 가져갔다. 오스틴 스팍스에 관해서는 '단지 그가 우리와 유사한 성경의 계시를 가지고 있었을 뿐이며, 우리가 그들과 어떤 종속 관계가 있었던 것은 아니었다.'라고 말했다."

"삼자교회는 또한 그에게 대만으로 달아난 위트니스 리를 고소하라고 요구했다. 그들은 위트니스 리가 그물을 빠져나간 반혁명분자이고, 심지어 많은 젊은이들을 거기로 데리고 갔다고 생각했다. 한번은 제약 회사 사무실에서 니 형제님이 나의 면전에서 이렇게 말했다. '내가 어떻게 위트니스 리 형제를 고소할 수가 있겠는가? (만일 내가 동의해서 그렇게 하면) 서로 사랑하는 형제일 수가 없다.' 이런 이유 때문에, 여러 다른 고소 사유와 함께 화살이 니 형제님에게 겨누어졌다."

(180쪽)

"(워치만 니가) 모임에 참석하려고 베이징에 가기 전에, 한 면으로 그는 자신이 이미 '삼자(三自)'를 실행하고 있고 '삼자'를 지지하고 있었다고 주장했고, 또 다른 면으로 그는 '삼자'에 대한 형제자매들 가운데 있는 저항감을 누그러뜨리면서 (우상숭배가 아닌 한) 정부의 권위에 복종하도록 형제자매들에게 요구했다. … 종교국 상하이 지부는 워치만 니가 삼자교회의 리더십을 차지하려고 음모를 꾸민다고 느꼈다. 오직 정부의 인도 아래 있는 삼자교회만이 참되고 완전한 삼자교회이다. 삼자교회의 워치만 니 '버전'은 제국주의를 대항하지 않으며, 따라서 진정한 삼자교회로 간주될 수 없었다. 교단을 떠나는 것만으로는 삼자를 실행하는 것으로 간주되지 않았다."

"니 형제님은 형제자매들이 삼자교회에 가입하기를 원했는가? 아니다! 그는 우리가 삼자교회에 가입하는 것을 원치 않았다. 동역자들과 장로들과 집사들이 모이는 한 집회에서 그는 우리의 정치적인 사고가 뒤처져서는 안 되며, 정부가 우리의 신앙을 방해하지 않는 한, 우리가 인민의 편에 확고하게 서야 한다고 말했다. 그런 다음 그는 잔과 쟁반을 예로 들었다. 잔이 믿음을 담은 것이라면 쟁반은 정치적인 입지이다. 우리의 '쟁반'은 인민의 편에 서는 것이지만, 우리는 우리의 믿음의 내용을 바꿔서는 안 된다는 것이었다. 워치만 니에 따르면, 인민의 편에 확고하게 선다는 것은 반제국주의라는 정치적인 '입장'을 가리키는 것이지 삼자회 가입을 의미하지 않는다."

"일부는 니 형제님이 1951년에 '어떻게 내가 돌아섰나?'를 발표했는데, 그것은 그가 삼자교회 가입에 동의했음을 가리킨다고 생각했다. 그러나 그의 '돌아섬'은 인민의 편임을 인정하고 정치적으로 정부와의 협력으로 돌아섬을 가리켰다. 그는 결코 우리가 삼자교회와 협력해야 한다고 말한 적이 없다. 대척결운동이 있던 1956년에 상하이 종교국 수장인 Lo Ju-feng은 "만일 워치만 니가 더 일찍 삼자교회에 가입했었더라면, 우리는 그를 반혁명분자로 유죄판결하지 않아도 되었고, 상하이 기독교 모임(지방 교회) 안에서 대척결운동을 할 필요도 없었을 것이다."라고 말했다. 그의 말은 비록 워치만 니가 그의 생각을 전환하더라도 그가 체포되기 전에는 삼자교회 가입에 동의하지 않았음을 증명한다."

"그는 삼자회 가입에 동의하지 않았고 오스틴 스팍스와 형제회 모임 사람들이 제국주의에 속했음을 인정하지도 않았기 때문에, 화살이 그를 겨냥했다. 이것이 그가 5반 운동 기간 동안에 체포된 진짜 이유였다."

위 내용을 증언한 장시캉 형제와 릴리 슈는 둘 다 인민재판에서 워치만 니를 고소했던 사람들입니다. 말년에는 둘 다 미국으로 이주했습니다. 장시캉 형제는 워치만 니를 공개적으로 고소했던 자신의 과오를 회개하고 투옥되었습니다. 그는 풀려난 후에 미국 애너하임을 거쳐 딸과 사위 부부가 있는 샌디에이고 교회에서 생활하다가 주님 품에 갔습니다. 그러나 릴리 슈는 과거의 잘못을 시인하고 회개하라는 장시캉 형제의 여러 차례의 간곡한 권고를 무시한 채, 구십삼 세인 지금도 자신의 그릇된 주장을 계속 고집하며 워치만 니를 공격하고 있습니다.

저는 릴리 슈가 거짓말을 한다고 생각하지는 않습니다. 다만 장시캉 형제처럼 그녀가 눈으로 보았다는 워치만 니를 비난하는 그 증거 자료들이 중국 공산당에 의해 의도적이고 강압적으로 조작되거나 부풀려졌을 가능성을 인정할 필요가 있다는 것입니다. 믿을 만한 자료에 따르면, 그 무렵 중국 공산당을 위해 은밀히 활동하던 선동원이 상하이에만 만 명이 넘게 있었고, 중국 공산당에 의해 조작된 거짓 증거로 억울하게 유죄판결 받고, 투옥되고, 일부는 죽게된 수백만의 사례들이 보고되었습니다.

만일 릴리 슈가 자신의 책에서 주장하는 것처럼 워치만 니가 정말로 형편없는 사람이었다면, 그 내용을 다 아는 중국인들, 특히 중국의 추구하는 믿는 이들은 그 후에 다 등을 돌렸어야 맞습니다. 그러나 현재 중국에 약 일 억 명이 넘는 가정 교회 성도들이 있게 된 것에는, 상당 부분 워치만 니와 적은 무리의 영향력 때문이라는 것은 다수가 인정하는 역사적인 사실입니다. 따라서 릴리 슈와 유동근 목사는 지금 이런 객관적인 사실과는 앞뒤가 맞지 않는 주장을 하고 있는 것으로 보입니다.

유동근 목사는 위 제목의 유튜브에서 중국 공산당에 의해 조작된 증거들로 보이는 릴리 슈의 주장들을 적극 신뢰하는 모습을 보였습니다. 그는 릴리 슈가 어릴 때부터 계속 상하이 교회생활을 했다고 주장하지만, 전혀 사실이 아닙니다. 사실은 아주 어릴 때 할머니를 따라 몇 번 간 적이 있었고, 릴리 슈는 여고 시절인 1947년 9월에 상하이 교회에서 침례 받은 후 교회생활을 시작했습니다. 그전에는 사촌들을 따라서 다른 교회를 다녔습니다. 워치만 니가 1952년 4월에 중국 공안에 끌려간 후 사 년간은 아무도 그를 볼 수 없었으니, 릴리 슈가 워치만 니와 직접 겹치는 기간은 다 합쳐도 채 오 년이 안 됩니다. 그런데도 마치 자기가 워치만 니와 상하이 교회의 모든 역사를 다 직접 목격한 것처럼 책에서 말하는 것은 독자들을 기만하는 것입니다.

유 목사는 릴리 슈가 뇌 관련 의사로서, 수술 후에도 그 과정을 복기해야 하는 전문가이므로 거짓 증언을 할 수 없다고 주장합니다. 그러나 그녀는 중국에서 정부가 운영하는 병원이 아니면 취직할 곳이 없던 시절에 의대를 다녔습니다. 릴리 슈 본인의 증언에 따르면, 감시자가 따라다니며 일거수일투족을 다 보고를 하는 대상이기도 했습니다. 이런 사람이 미국에 와서 의사로 살면서, 무신론 정부 사람들에게 세뇌되어 워치만 니를 공개 비판했던 자신의 어두운 과거를 처리하는 길은 두 가지뿐입니다. 장시캉 형제처럼 솔직히 참회하거나, 다른 하나는 릴리 슈처럼 자기 행위의 정당성을 계속 주장하는 것입니다. 그녀는 후자를 선택했을 뿐이고, 그런 선택은 뇌 관련 의사 경력과는 아무 상관이 없습니다.

또한 유동근 목사는 여호수아 Yu 목사가 구링 훈련도 참석한 분인데, 릴리 슈의 책에 서문을 썼으니 증인이 두 사람 이상이라고 주장했습니다. 그러면서 그는 수개월의 구링 훈련 기간 동안 워치만 니가 만찬에 참여하지 않은 것이 아마도 워치만 니의 부도덕한 과거 때문인 것으로 믿는다는 Yu 목사 말을 인용했습니다. 그러나 놀라운 사실은 Yu 목사가 말했다는 영어 문장인 "I believe this was due to his secret sin and guilt."는 중국어 원문에는 없던 말입니다. 따라서 이것은 영어로 번역하는 과정에서 누군가가 임의로 추가한 것으로 보입니다.

또한 유동근 목사는 위의 Yu 목사의 말 한마디를 근거로, 그것이 마치 워치만 니의 부도덕성과 연관이 있는 것처럼 여러 번 거론했습니다. 그러나 이런 추측성 주장들은 아래와 같이 좀 더 차분히 살펴보면 그 허구성이 금방 드러납니다.

첫째, 워치만 니는 1922년부터 상하이 교회로부터 치리를 당하기 전인 1942년까지는 만찬에 정규적으로 참여해 왔습니다. 그렇다면 그들의 주장대로 부도덕한 사건이 1926년부터 1927년까지에 일어났다고 볼 때(릴리 슈의 최종 주장), 그 이후부터 1942년까지도 워치만 니가 여전히 만찬에 참여한 사실은 어떻게 변명할 수 있을까요? 따라서 1948년부터 있던 구링 훈련 기간 동안 과거 사건이 마음에 걸려 만찬에 참여하지 않았다고 말하는 이들의 주장은 앞뒤가 맞지 않습니다.

둘째, 구링 훈련에 참석했던 Lin Zi-long(林子隆) 형제가 쓴 〈神恩浩大〉(Great Grace of God)(대만복음서원, 2004년)에 따르

면, 그 당시 훈련은 주로 (1) 오전에는 워치만 니의 메시지와 영적인 판정의 시간을 가졌고, (2) 오후에는 또 한 번의 메시지(예를 들어, 〈초신자를 온전케 하는 공과 시리즈〉는 이때 전해진 것임)가 주어졌으며, (3) 저녁에는 집회 없이 노트 정리 등을 했습니다. (4) 특히 주말에는 훈련생들 모두가 자기 지방에 있는 교회로 돌아가 그곳의 집회에 참석했습니다(33쪽). 하지만 워치만 니는 거의 유일한 훈련 강사였기에, 주말에도 구링에 머물며 다음 훈련을 준비해야 했습니다.

셋째, 참고로 구링 훈련 센터는 '그 지방을 대표하는 교회'가 아니라 워치만 니의 개인 사역처이므로 만찬 집회를 실행할 진리적인 토대가 되지 못합니다. 따라서 단순히 여호수아 Yu의 주장만 듣고 이런저런 추측성 말을 하는 것은 여러 가지 면에서 적절하지 않습니다.

이처럼 유동근 목사나 릴리 슈의 주장들은 조금만 주의를 기울여 검증해 보면, 어폐가 있거나 사실과 다른 내용들이 한두 곳이 아님을 알 수 있습니다.

11

결론 — 릴리 슈의 책은
공산 정부를 대변하고
주님과 그분의 교회를 대적함

11장

결론 — 릴리 슈의 책은 공산 정부를 대변하고 주님과 그분의 교회를 대적함

다른 관련 자료들을 추적 조사한 후에, 릴리 슈의 책이 사실을 기록했다기보다 중국의 격변기에 인권이 극도로 억압된 상황에서 공산 정권이 직간접적으로 개입하여 만들어진 자료들에 기초했음을 확신하게 되었습니다.

참고로 미국 예일대 역사학 석좌 교수인 조너선 D. 스펜스의 〈현대 중국을 찾아서〉(1991년)에 따르면, 1951년 말에 상하이에만 만 오천 명의 선동가들이 활동했습니다(537쪽). 또한 1952년 2월 한 달 동안 상하이에서만 삼천 번의 군중집회가 열렸고, 이십일만 개의 고발장이 정부에 접수되었습니다. 이런 상황에서 1952년 4월 10일에 먼저 워치만 니가, 그 뒤에는 약 일천 명의 지방 교회 측 인도자들이 새로 들어선 마오쩌둥 정부에 체포되었습니다.

한편, 워치만 니가 동역자들의 만류에도 홍콩에서 중국 본토로 돌아간 것은 주님의 주권에 의한 것이었습니다. 새 정부의 반제국주의 정책에 따라 모든 외국인 선교사들이 추방된 후에, 남겨진 중국 성도들은 워치만 니의 적은 무리에 합류하여 삼자교회에 가입하라는 압박을 저지할 수 있었습니다. 그러나 이렇게 하여 워치만 니가 인도하는 모임의 인수가 거의 십만 명에 육박하자 중국 정부는 은밀히 이들을 분쇄할 단계적인 전략을 수립하여 하나씩 실행에 옮겼습니다.

첫째, 릴리 슈도 인정한 것처럼 그들의 무기는 정치적인 압박은 물론 '(날조된) 워치만 니의 충격적인 사생활을 폭로'하는 것입니다. 그런데 당시에 중국 공산 정부로부터 소위 음란 행위로 고발된 교회 지도자들은 워치만 니만이 아니었습니다. 예를 들면 예수 가정의 설립자인 찡디엔잉도 그 희생자들 중 한 명이었습니다. 그 단체의 내부 고발자의 말만 들으면, 그는 추잡한 인물이고 죽어 마땅한 죄를 지은 것 같은 인상을 줍니다. 그러나 사실은 예수 가정의 헌신되고 분별된 삶에 공산당도 감동받을 정도였습니다. 검색창에 '중국 예수 가정'을 치면 나오는 자료들이 그것을 증언합니다. 그러나 새 정권 차원에서는 인민들의 마음이 나뉘어 이들에게 향하게 하기보다 어떤 죄목을 뒤집어씌워 이들을 매도하여 해체하는 편이 더 나았습니다. 따라서 예수 가정은 정부의 의도대로 결국 1952년에 해체되고 말았습니다. 워치만 니가 이런 결과를 예견하고 1949년에 가장 친밀한 동역자였던 위트니스 리를 대만으로 가도록 결단하지 않았다면, 그가 인도했던 적은 무리도 유사한 어려움에 직면하게 되었을 것입니다. 그러나 현재 그의 사역은 위트니스 리를 거치면서 중국을 벗어나 전 세계로 확산되었습니다.

둘째, 중국 정부는 아래에서 소개할 격변기의 혼란 속에서 워치만 니의 동역자들이나 그와 함께한 성도들 중 일부를 정부 편으로 돌아서도록 회유하여 그들이 워치만 니와 교회를 공격하게 했습니다. 그 대표적인 인물이 릴리 슈(許梅驪), 린종샹(林鍾祥), 장시캉(張錫康)입니다. 릴리 슈는 이 두 사람이 쓴 책을 참고해서 책을 썼습니다. 하지만 본인이 직접 체험한 것은 일부이고, 대부분이 오염된 자료들을 인용한 것이었습니다. 그러나 릴리 슈도 책을 쓸 때 많이 의존했던 장시캉 형제는 후에 회개하고 '워치만 니가 부도덕한 일을 저질렀다'는 부분을 모두 삭제하고 수감되었습니다.

저는 소위 워치만 니의 부도덕한 행위들이 사실인지를 가장 정확히 아는 길은 워치만 니의 배우자인 장핀후이 자매의 반응을 보는 것이라고 생각합니다. 뭐니 뭐니 해도 이런 일은 그 당사자의 아내가 가장 예민하게 느끼기 때문입니다. 그런데 워치만 니의 아내의 반응은 다음 두 마디로 압축됩니다. 첫째는 "최종 심판은 (지금 이 공산 정부 사람들이 내리는 것이 아니라 나중에) 하늘에서 있게 될 것이다."라고 반응한 것입니다. 둘째는 "그(워치만 니)에 관해 그들이 말한 일들은 존재하지 않는 것들이다."라고 말한 것입니다. 그렇다면 무슨 말이 더 필요하겠습니까?

참고로 릴리 슈는 자신과 '두 여자 동역자'가 워치만 니의 부도덕한 일로 상처를 받아 믿음을 버렸다고 주장합니다. 만일 그녀의 논리가 옳다면, 가장 먼저 상처받고 믿음을 버렸어야 할 사람은 워치만 니의 아내일 것입니다. 그러나 지난 아홉 번째의 글에서 본 것처럼, 그들은 부부로서 서로를 끝까지 존중하고 사랑하고 그리워했습니다. 또한 둘 다 온갖 굴욕과 박해에도 죽기까지 믿음을 지켰습니다. 그렇다면 우리는 이 부부가 죽기까지 서로 사랑하고 믿음을 지킨 삶의 증언을 존중하고 믿어 주는 것이 옳다고 봅니다. 장시캉 형제의 회고록 증언도 이러한 우리의 믿음을 적극 뒷받침해 주고 있습니다. 한마디로 워치만 니에 대한 비난은 위조 변조된 증거에 기초한 것입니다.

참고로 장시캉 형제는 어려서부터 워치만 니를 잘 알고 지냈습니다. 워치만 니가 폐결핵으로 투병할 때 그의 부친이 자신의 집에 그를 머물게 하고 스물네 시간을 간병했을 정도였습니다. 또한 장시캉 형제는 워치만 니의 개인 도서관 사서였고, 제약 회사를 운영할 때 재정 담당 지배인으로 그를 도왔습니다. 이런 배경 덕분에 소위 부도덕한 일을 했다는 자필 자백서가 워치만 니의 필체가 아니고, 증거물들 위에 한 서명도 그의 서명이 아닌 것을 알 수 있었습니다. 그래도 그가 침묵하면 릴리 슈처럼 출세의 길을 갈 수 있었지만, 진실을 밝히고 감옥에 가는 길을 선택했습니다. 그가 말년에 미국에 있는 동안 역시 미국에 살고 있던 릴리 슈에게 이제는 그만 회개하라고 여러 번 권면했다고 합니다.

끝으로, 저는 릴리 슈가 소개한 워치만 니에 대한 공격적인 자료들이 그 당시 어떤 분위기에서 나왔는지를 알 수 있는 몇 가지 방증 자료들을 소개할까 합니다. 먼저는 필리스 탐슨이 쓴 〈내키지 않던 중국 탈출〉(OMF, 2007년) 등의 내용입니다. 중국 격변기에 중국내지선교회(CIM) 선교사들이 철수할 때의 사회 분위기를 생생하게 느낄 수 있을 것입니다. 또 하나는 Central China Normal University 역사 서적 연구집 제2호(2016년, 58-78쪽)에 실린, Zhang Le의 논문이 다룬 구렌엔(Gu Ren-en) 사례 내용 일부입니다(https://www.fx361.com/page/2016/1008/16414582.shtml).

참고로 위 논문의 요지는, 1951년에 중국 정부가 첫 번째로 교계 인도자를 처리한 이 사례가 훗날 기독교 인도자들을 고소할 때 모델(model)이 되었다는 것입니다. 즉 첫째, 그들이 정치적으로 미제국주의의 간첩이고 반혁명분자이며, 둘째, 재정적으로 자신을 위해 돈을 착취했고, 셋째, 부도덕한 일을 저질렀다고 고소하는 것입니다. 워치만 니도 정확히 이 내용들(각본들)로 고소를 당했고, 릴리 슈는 그것들을 지금까지 이어달리기를 하고 있는 것입니다.

〈내키지 않던 중국 탈출〉에서 발췌

"중국에 있는 선교사 사회에서는 스웨덴 선교회의 레넬 양이 갑자기 잡혀가서 인민재판에 넘겨져 처형되었다는 충격적인 뉴스로 인해 모두 공포에 사로잡혀 있었다. … 레넬 양의 죽음에 이어 또 여러 곳에서 다른 선교회의 선교사들이 폭동에 의해 죽었다는 소식이 들렸다." (위의 책, 20-21쪽)

"이 년 전 여행을 함께했던 존 스템과 그의 아내 베티가 당시 아직 무법자들이었던 공산주의자들의 손에 대중 앞에서 공개 처형을 당했다." (34쪽)

"인민재판이 시작되었다. 부유한 지주들, 유명한 관리들, 해외에서 사업하던 사람들은 모두 재판을 받았다. 공공장소에 단상을 만들었다. 죄수들은 밧줄이나 쇠사슬에 묶여 고발하는 사람들 앞에 무릎을 꿇어야 했다. 그곳에서 인민들이 판결을 내리는 것이었다. '재산을 몰수하라!', '노동 수용소로 보내라!', '처형하라! 처형하라!'"(49쪽)

"집을 이 잡듯이 뒤지는 것이 일상사가 되었는데, 그것도 보통 밤에 그렇게 하였다. 의심스러우면 데려다가 심문을 하였다. 어떻게 보면 심문이 가장 나쁜 벌이었다. 몇 시간이고 계속 질문을 해 대면 심문하는 사람이 탐문을 마쳐도 그의 말이 머릿속에서 빙빙 돌아 마치 죄를 지은 것처럼 입력되었다. … 체포되었을 때 반항하거나 거역하는 사람은 거의 없었다. 고발 회의에서 조용하던 사람들은 화를 내는 척이라도 해야 한다는 것을 곧 배우게 되었다. 그렇지 않으면 탄핵 대상이 되기 때문이다."(49쪽)

"아무도 믿지 않는 것이 안전했다. 사실 자신조차도 믿지 않아야 했다. 당에서 인정하는 것 외에는 그 어느 것도 생각해서는 안 되었다. … 슬로건을 배우고 반복해서 그것을 외워야 했고, 마음속에 의문이 일어나면 그것을 무시해야 한다. 가족 사랑과 같은 본능적인 취향은 부인하는 것이 나았다."(50쪽)

"체포, 구금, 인민재판, 고발 회의, 재산의 몰수, 정치범들을 실은 트럭 등은 사회의 모든 공동체에 공포의 분위기를 조성하고 있었다."(63쪽)

"잭은 사형 집행장에 끌려가 처형된 사람을 목격하였다. 그녀는 그가 잘 알고 있는 젊은 여인이었다. 짧은 총소리가 들리더니 몸부림치며 괴로워하는 그녀의 모습이 보였다. 그리고 그는 현장에서 끌려 나왔다. 총에 맞은 그녀는 아직 살아 있었지만 그들은 그녀가 죽을 때까지 그곳에 버려두 었다."(67쪽)

"그들은 언제까지나 호전적인 무신론의 적대적인 분위기 를 감내할 준비가 되어 있어야 했다. 반항하면 노동 수용소 나 감옥에 가는 것이고, 그들의 말을 따르면 주님과 주님의 종들을 배반하는 것이었다. 이미 그들이 시달림을 당하며 고난을 견뎌 내고 있다는 이야기들이 서서히 들리기 시작 했다. 밤낮으로 찌르는 심문과 이전 동료를 모욕하도록 공 포를 주는 이야기들이었다."(107쪽)

"그때는 날마다 처형될 사람의 명단이 벽에 붙었다. 사람 들은 하루에 천 명씩 감옥에 잡혀가고 있다고 숨죽여 말했 다. 양쯔강 언덕에는 어두워질 때까지 언제나 사람들의 시 체가 있었다. 그러면 친척들이 몰래 가지고 가서 매장했 다."(144-145쪽)

"그리고 대학에 다니던 수많은 젊은이들이 믿음 때문에 처 형당하거나 강제 노동 수용소로 보내어졌다."(205쪽) (릴리 슈는 이런 상황에서 교회 동료들을 공개 비난한 대가로 의 대를 졸업함)

〈가뭄에도 푸른 잎〉(이소벨 쿤) 등에서 발췌

"2월이 되자 다른 곳에서 우리 선교사 중 한 명에 대한 거 짓 고발 소식이 들려왔다. 특히 중국인들에게 사랑받는 선 교사가 한 명 있을 때마다 공산주의자들은 그에 대한 가장 비열한 비난을 날조했다(적절한 사례는 Canton에서 사랑 하는 Dr. Wallace에 대한 거짓 고발과 살해임). Arthur(CIM 선교사인 Mathews)는 무엇보다도 피고인 선교사가 하녀 에 대한 부도덕한 처우로 기소되었다는 사실을 알게 되었 다." — Isobel Kuhn, Green Leaf in Drought (Kent, UK: OMF Books, 1958), 34쪽 (https://mall.duranno.com/de-tail/detail.asp?itm_num=3110100000)

"물론 공산주의자들은 대의를 위해 거짓말을 하는 것이 미덕이라고 솔직하게 말한다. 그래서 선교사를 고발할 때 거짓 증인을 찾기란 어렵지 않다. 그들의 이야기가 맞물리 면 매우 그럴듯하게 들리는 틀이 만들어진다."(위의 책, 104쪽)

"Maryknoll(가톨릭교 선교사)은 성적인 난잡함과 부도덕 한 행동이 포함된 혐의로 기소되었다." — Beatrice K. F. Leung and William T. Liu, The Chinese Catholic Church in Conflict: 1949-2001 (Boca Raton, FL: Universal Publishers, 2004), 63쪽(https://www.amazon.com/Chinese-Catholic-Church-Conflict-1949-2001/dp/1581125143)

"항저우에서의 구렌엔의 범죄"
항저우 기독교 위원회 부회장 Niu Zhifang(鈕志芳)(27-28쪽)

"여성에 대한 구렌엔의 모욕은 어디에서든 동일하다. 그가 1950년 5월 항저우에서 열린 부흥회에 참석했을 때, 남편을 잃고 서너 명의 자녀를 둔 광지병원 간호사가 먼저 그에게 속았다. 그는 떠밀려 항저우를 떠나야 했다. 그와 항상 친하게 지냈던 목사가 있었는데, 구 씨는 이 목사의 누나도 모욕하려고 했다. 그런 설교자가 어떻게 하나님의 능력을 가질 수 있는가?"

"이에 대해 말하자면, 나는 자신을 반성해야 한다. 내가 처음 (공산당에 의해) 해방되었을 때, 공부를 많이 하지 못한 상태였고, 정치적 이해도도 높지 않아서 인민에 대한 책임감도 부족했으며, 애국심도 없었다. 구 씨가 (정부를) 반대하는 것을 알았을 때, 나는 동료들에게 구렌엔이 우리와 관련된 곳에서는 설교하지 못하게 하라고 말했고, 동료들에게 그의 말을 듣지 말라고 요청했다. 그러나 우리는 구 씨의 활동에 대해 더 이상의 필요한 경고와 조사와 폭로는 하지 못했다. 따라서 그는 반혁명 선전을 하고 신자들을 더욱 담대하게 속였다. 또한 나는 항저우의 우리 동지들 중 일부를 비판한다. 구렌엔의 삶은 타락했고 그는 설교할 자격이 없다. ⋯ 그는 치유를 받으러 온 수백 명의 사람들에게 신체적, 정신적, 금전적 손실을 입혔고, 그로 인하여 죽게 했다. 이런 일의 실상은 종교를 빙자해 간첩 활동을 벌이는

극악무도한 적들을 은폐하는 것이다." (28쪽)

"기독교 쓰레기 구렌엔 고발"
2) Qiao Weixiong(喬維熊), 텐진 기독교 개혁 및 추진 위원회 부위원장(28쪽)

"어느 날 아침에 나는 쟈오다오크오 거리에서 매우 비열한 태도로 몇몇 젊은 여성을 도우며 자전거를 타고 있던 그를 만났다. 그때 나는 동료 청년 회원들에게 그의 '설교'를 듣지 말라고 충고했다. 얼마 지나지 않아 정신병을 앓고 있는 한 여성이 그를 찾으러 애슬리 홀에 갔지만, 그는 그녀를 보지 않으려고 했다. 여자는 입고 있던 옷을 모두 벗고 알몸으로 병원으로 보내어졌다. 즉시 그 소문이 교회 전체에 퍼졌지만, 왜 그 여자가 화를 냈는지 아무도 몰랐다. 나중에 4월 20일자 베이징 인민일보에 실린 기사를 보고 그 여자가 구렌엔에게 강간당한 양슈잉(楊秀英)이라는 사실을 알게 되었다. 그 불쌍한 동생은 산적 구렌엔의 잔혹함 때문에 오늘날까지 침대에 묶여 있어야 했다. 구렌엔은 십 년 전에 나쁜 행실을 했던 기독교의 쓰레기였다. 그가 반혁명 활동을 수행하기 위해 미국 스파이(아마도 Douglas Mac Arthur를 가리킴)의 부하가 되려고 한 것은 당연하다." (28쪽)

출처: Tian Feng(1951/5/8) 제262-263호(끝)

부록 1

워치만 니의 연대표

부록 1
워치만 니의 연대표

1920년, 2월 15일에 위츠두(余慈度, Dora Yu)가 푸저우 천안당에
서 첫 번째 부흥회를 가짐.

1920년, 4월 29일에 워치만 니가 위츠두의 집회를 통해 구원받음.
그 후 워치만 니의 집에서 매주 목요일마다 성경 공부가 있
었고, 거기서 유일한 또래였던 왕짜이(王載)를 만남.

1921년, 3월 28일에 워치만 니와 그의 모친이 양치(陽歧)에 있는
M. E. 바버를 방문하여 침례 받음.

1922년, 봄에 워치만 니는 왕짜이 형제와 그의 아내와 함께 푸저우
에서 매주 떡 떼는 집회를 가짐(워치만 니는 얼마 후 상하이
를 처음 방문하여 Shou-jin Chaple에서 간증함). 1922년 후
반에 워치만 니의 가족은 M. E. 바버 등의 도움을 받아 성경
의 가르침에 따라 교파를 떠남(이 무렵 왕짜이 형제가 난징
에서 《영광보(Spiritual Light Journal)》 출판에 관여하고
있던 리위안루(李淵如, 이연여) 자매를 만나 푸저우에 와서

부흥회를 열어 줄 것을 요청함). 1922년 말에 워치만 니는 푸저우에서 성도들이 더해지자《부흥보(Present Testimony)》를 발간할 부담을 가짐(이 무렵 리위안루 자매가 푸저우에 와서 복음 집회를 했고, 이 집회를 통해 Faithful Luke, Simon Meek Wang Wilson 등의 젊은 학생들이 주님을 믿고 전시간으로 주님을 섬길 것을 헌신함).

1923년, 워치만 니는 1월에《부흥보》창간호를 발간하여 1925년 말에《기독도보(the Christians)》를 내기 전까지 계속 출판함. 리위안루 자매는 한 달 남짓 머물다가 난징으로 돌아감. 이 무렵에 위의 젊은 청년들이 하얀 복음 조끼를 입고 거리를 행진하며 사람들을 복음 집회에 초대했고, 수백 명이 구원받음. 워치만 니는 매주 토요일에 M. E. 바버에게 가서 양육을 받음. 그는 하나님의 목적이 구원받은 이들이 이 땅에서 그분의 증거를 대표하고 유지하기 위해, 교회가 지방이라는 하나의 터 위에 서야 함을 보기 시작함. 그러나 그의 일부 동역자들은 교회관에 대해 다른 견해를 가짐.

1924년, 워치만 니는 항저우(杭州), 난징(南京), 상하이 지방을 방문하여 장광룽(張光榮), 리위안루 등을 만남. 난징에서 몇 개월 머물며 리위안루, Jia 등의 조수로 해당 출판사에서 일을 배움. 그는 같은 해 4월에 난징에 있는 퀘이커 부흥 교회에서 "하나님의 뜻을 따라 행함"이라는 메시지를 전했고, 그 자료가 1924년 11월 4일자의《영광보》에 실림.

1924년, 봄에 왕짜이 형제가 선교사인 우드버리(Woobury)를 푸저우에 초대하려고 했을 때, 워치만 니가 반대하여 무산되었고 왕짜이 형제는 이것을 불쾌하게 생각했음. 왕짜이 형제는 워치만 니가 다른 지역을 방문하고 있는 동안 다섯 형제들과 당을 지어 워치만 니를 공개 출교함. 이들은 따로 모임을 가졌지만, 일부 성도들은 워치만 니의 출판물을 계속 구독하고 있었음. 이런 애매한 상황은 1948년까지 계속됨. 워치만 니는 여행에서 돌아와서야 자신이 출교된 사실을 알았고, 그 후에는 마웨이(馬尾) 파고다에 머물기로 결정함. 그해 11월에 워치만 니는 홍콩과 말레이시아를 방문했고 1925년 5월까지 말레이시아에 머묾. 이 무렵 〈천국은 어디에 있는가?〉를 씀.

1925년, 4월에 위트니스 리가 왕페이전(汪佩眞)의 복음 집회에서 구원받고, 워치만 니와 서신 교환하게 됨. 7월에 리위안루 자매는 다시 침례를 받음. 5월에 워치만 니는 여행에서 돌아온 후 파고다에 머묾. 7, 8월 중에 워치만 니가 시리즈로 쓴 《십자가의 말씀》 중 하나인 "죄에 대하여 주님과 함께 죽음"이 《영광보》 27호에, 다른 하나인 "자아에 대하여 주님과 함께 죽음"은 28호에 각각 게재됨. 이때 워치만 니는 자신의 출판사인 복음서원을 세웠고, 〈영에 속한 사람〉을 쓰기 시작했으며, 이 년간 발간된 《기독도보》를 출판함. 이 잡지는 구원과 교회와 예언과 예표에 관한 진리를 다룸. 워치만 니의 방문으로 말레이시아 시티아완과 장저우에 모임이 세워짐. 리위안루 자매와 몇 자매들이 난징에서 하나의 터 위에서 떡을 떼기 시작했지만 1926년 말까지는 여전히 《영광보》 발간에 관여함. 정치적인 상황으로 인하여 이 떡 떼는 모임은 일 년을 넘기지 못함. 1935년 10월에 워치만 니는 한 형제가 난징으로 이주해야 한다고 느낌.

1926년, 전반기에 워치만 니는 푸젠(福建) 남부에 있는 샤먼(廈門) 등의 지방을 방문하여 Tung-wen College와 미국 장로교 선교회가 세운 신학교 학생들에게 말씀을 전함. 이때 목사의 아들이었던 제임스 첸(James Chen)이 구원받음. 워치만 니가 1월 15일에 "십자가의 전달자", 2월에 "현대 신학에 대한 고등 비평은 믿을 만한가?"를 씀(이 무렵 워치만 니는 영국에 있는 서점에 몇 권의 책을 주문하면서 형제회 모임과 연결이 되었고, 그들은 1930년과 1932년에 상하이를 방문하여 워치만 니와 교통을 가짐).

1926년, 후반기에 워치만 니는 푸젠 남부의 샤먼을 방문하여 십 일 간 집회를 갖기로 계획했는데, 구 일째 되는 날에 심하게 아파 의사에게 진료를 받은 결과 폐결핵이고 몇 개월 못 살 것이라는 진단을 받음. 워치만 니는 파고다로 돌아왔고, Faithful Luke 등 푸저우 다른 형제들 그리고 M. E. 바버 등의 돌봄을 받음. 약 한 달 정도 기도 후 워치만 니는 자신이 얼마 못 살 것으로 여겨 하나님 앞에서 배운 것을 책으로 쓸 부담을 갖게 됨. 이때 워치만 니는 1923년에 써 두었던 〈영에 속한 사람〉 개요와 첫 두 장 반을 이어서 쓰기 시작함. 워치만 니가 샤먼에 있을 때 리위안루 자매와 Cheng Chi-Kwei(교파 목사)에게서 난징에 와서 휴식을 취하라는 초청을 받음. 워치만 니는 파고다를 떠나 난징에 가서 이 목사 집에 머물렀고, 병중에도 무디 출판사가 발행한 〈스코필드 통신과정〉(Cheng이 번역한) 교정을 도움. 이 기간에 리위안루 자매와 여러 다른 자매들이 함께 주님을 기념하는 집회에 참석했고, 왕페이전에게 교회에 관해 교통함. 이때 학교 친구였던 웨이광시(魏光禧) 형제가 난징대학에서 공부하고 있어서 함께 만남. 그해 말에 왕페이전과 다른 자매들이 왕페이전의 부모님이 있는 상하이에서 떡을 떼기 시작함. 왕페이전 자매는 난징에서 신학을 공부하던 중에 리위안루 자매와 워치만 니를 만난 것임.

1927년, 워치만 니는 1월에 〈새 신자를 위한 성경 공부〉, 2월에 〈그리스도인의 생활과 영적 전쟁〉을 출판함. 3, 4월에 난징에서 군벌에 대한 군사 작전(KMT)이 있었고, 부흥보 사무실이 파괴됨. 리위안루 자매는 반기독교 운동을 피해 상하이로 무사히 옮김. 2월부터 5월까지 워치만 니는 강서성의 Tsao-Chiao Town으로 이사했고, 거기서 봉사하던 자매들은 그 당시의 정치적인 상황 때문에 그곳을 떠나면서 자신들의 집을 워치만 니에게 맡아 달라고 부탁함. 워치만 니가 병중에 이곳에서 〈영에 속한 사람〉 첫 네 장을 씀. 같은 해 5월에 워치만 니는 상하이로 이사하면서 루오싱타(羅城塔)에 있던 복음서원도 상하이로 옮김. 워치만 니는 로마서 6장에서 '그리스도와 함께 십자가에 못 박힘'의 계시를 얻음. 워치만 니는 1927년 말까지 (왕페이전의 집에서) 매일 기도 집회를 가졌고, 주변의 믿는 이들을 위해 특별 집회를 열 것을 진지하게 고려함.

1928년, 1월에 상하이 교회의 집회를 왕페이전의 집에서 원더리 하통로로 옮김. 성도들은 1948년에 난양로에 집회 장소를 지을 때까지 거기서 모임. 2월 1일에 "하나님의 영원한 목적"과 "그리스도의 승리"라는 주제로 상하이에서 1차 이기는 자 집회가 열림. 총 오십 명이 집회에 참석했는데, 강서 북쪽과 저장성의 핑양(平陽)에서 이삼십 명이 참석함. 곧이어 핑양에서 모임이 시작됨. 6월 28일에 워치만 니는 〈영에 속한 사람〉 집필을 끝내고 후기를 씀.

1929년, 워치만 니의 건강이 더욱 악화되어 푸저우로 돌아옴. 1922년부터 1923년까지 워치만 니와 함께 모였던 일부 성도들이 그를 방문함.

1930년, 2월에 M. E. 바버 자매가 주님 품에 감. 워치만 니가 상하이에 있을 때 어머니가 그와 함께 머물기 위해 옴. 이로 인해 훗날 워치만 니가 어떤 여인과 함께 산다는 소문이 남. 4월에 "영적인 메시지에 대한 노트(Notes on Spiritual Messages)"를 쓰기 시작함. 그해 말에 백삼십 곡이 수록된 〈적은 무리 찬송가〉가 나옴. 워치만 니가 '대가 없이 사랑케 하소서' 가사를 쓴 것이 그 무렵임.

1931년, 1월에 워치만 니는 광둥성 산터우(汕頭)와 제양(揭陽)을 방문함. 3월에 일본을 방문함. 그 후 베이징을 방문함. 10월에는 2차 이기는 자 집회를 개최함. 강서성 북쪽과 핑양에 있는 성도들이 이 집회에 참석함.

1932년, 3월에 왕페이전 자매가 취푸(曲阜)를 방문함. 3월에 워치
만 니가 스턴스(Stearns) 박사의 초청으로 지난(濟南)에 왔
을 때, 치루대학 의과대학 학생들에게 말씀을 전함. 지난에
떡 떼는 집회가 시작됨. 6월에 워치만 니는 위트니스 리의
초청으로 취푸를 방문하여 리의 집에 묵음. 그가 떠나자 취
푸에 떡 떼는 집회가 시작되었고, 네 명으로 시작하여 열한
명에서 다시 열네 명으로 증가됨. 워치만 니는 취푸에 있는
뉴턴파 형제회 인도자인 버넷(Burnet) 박사를 만남. 폐쇄파
형제회가 중국을 방문하여 푸저우와 강서 북쪽의 형제들에
게 영향을 미침. 11월 7일부터 13일까지 상하이 원더리에서
"새 언약"과 "하나님의 지혜"라는 주제로 집회가 개최됨. 매
일 주로 워치만 니가 말씀을 전함. 창(Chang)과 차오(Chao)
가 통역을 함. 다른 지방과 폐쇄파 형제회에서 약 이백 명이
참석함. 그 집회 후에 〈뉴스 매거진〉에 "서양과 중국의 적은
무리 믿는 이들의 콘퍼런스"라는 제목으로 기사가 실림. 외
부인들이 "적은 무리(Little Flock)"라는 호칭을 사용하기 시
작함. 12월 4일 주일에 워치만 니는 더 이상 어떤 서양 선교
회나 조직과 함께하지 않을 것을 밝힘으로써 자신들의 과거
역사와 일에 대한 이상을 명확히 하는 광고를 함.

1933년, 4월에 워치만 니는 취푸를 두 번째로 방문함. 그는 아침
에는 산둥중화기독자립회에서, 저녁에는 취푸 집회소에서
60-70명의 성도들에게 각각 말씀을 전함. 그해 여름에 영국
을 첫 번째로 방문함(그 후 미국과 캐나다도 방문했는데 미
국에 대해서는 좋은 인상을 갖지 못함). 폐쇄파 형제회가 워

치만 니에게 그가 형제회의 길을 가면 상하이 집회소를 지을 땅과 건축 비용을 지원하겠다고 제안했지만, 워치만 니는 거절함. 이 기간에 워치만 니는 제시 펜 루이스와 스팍스와 친분을 가졌고, 폐쇄파 형제회는 그가 스팍스의 떡 떼는 집회에 참석했다는 이유로 화가 많이 남. 워치만 니는 형제회 안에 있는 분열에 충격을 받음. 8월에 위트니스 리는 삼 주간 기도 후에 직장을 내려놓음. 8월 17일에 워치만 니는 리에게 전보를 보내어 그에 대한 자신의 느낌을 말함. 9월에 리가 전 시간으로 봉사하기 시작함. 10월에 리는 톈진(天津)과 베이징(北京)을 방문하여 거기에 모임들을 일으킴. 리는 10월에 상하이를 방문하여 1934년 1월까지 머묾. 워치만 니는 리에게 상하이로 와서 함께 봉사하자고 권했고, 리는 사도행전에 있는 한 일의 흐름에 대한 이상을 봄. 워치만 니는 리를《기독도보》(1934-1940)의 주 편집자로 안배하고 자신은《부흥보》편집을 맡음.

1934년, 워치만 니는 성경에 있는 교회는 결코 지역들로 나뉠 수 없고 어떤 가르침이나 교리에 근거하여 교단을 만들 수 없다고 말하면서, 지방 교회들의 실행을 정의하고 설명하는 일련의 집회를 시작함. 5월에 워치만 니는 위트니스 리를 격려하여 옌타이(煙臺)에서 상하이로 이주하게 하여 자신과 리 위안루 자매가 맡고 있던 워치만 니의 출판물을 편집하는 일에 합류시킴. 워치만 니는 영국에서 상하이로 돌아온 후에 1월 22일부터 31일까지 "하나님의 중심성과 우주성이신 그리스도"와 "하나님의 이기는 자들"이라는 주제로 3차 이기는 자 집회를 열었고, 삼백 명 이상의 성도들이 참석함. 워치만 니에 따르면, 이 집회가 그의 사역의 전환점이 되었음. 그는 이렇게 말했음. "나의 그리스도인의 생활은 교리와 지식으로부터 하나님의 중심성과 우주성이신 그리스도라는 한 살아 있는 인격으로 큰 전환을 가졌다." 이 집회 후에 워치만 니는 한 지방 교회의 범위와 교회의 실지적인 책임들에 대한 일련의 성경 공부를 가짐. 이때 전한 메시지들이 〈집회 생활 (The Assembly Life)〉이라는 책으로 출판됨. 1월에 위트니스 리는 취푸로 갔다가 5월에 상하이로 돌아와 8월까지 머물며《교회 뉴스(Church News)》를 편집함. 8월에 리는 핑양을 방문함. 10월에 항저우에서 4차 이기는 자 집회가 열림. 이 집회 후에 워치만 니는 결혼을 했고, 아내의 고모로 인해 상하이에서 소요가 일어남. 10월에 상하이 교회에 세 명의 장로들을 세움.

1935년, 5월에 여러 동역자의 요청으로 아가를 연구하여 〈노래 중의 노래〉로 출판함. 8월에 세 번째로 취푸(曲阜)에 방문하여 "이기는 생명"에 관한 특별 집회를 가짐. 이 특별 집회로 취푸 교회에 부흥이 있었고, 이 부흥은 상하이와 기타 도시에까지 확산되었음. 이 부흥으로 인해 워치만 니는 영국 방문을 취소하고 상하이로 돌아와 10월에 특별 집회를 가짐. 그후 동역자들과 함께 나가서 중국의 주요 도시들에 주님의 회복을 확장하기로 결정했음. 이때 위트니스 리는 북부 사역을 위해 베이징 부근에 있는 중국 북부의 가장 큰 항구 도시인 텐진으로 보냄을 받음.

1936년, 1월에 위트니스 리가 톈진(天津)에 있을 때, 일 년 가량 방
언의 풍조에 영향을 받음. 이 소식이 상하이 교회와 워치만
니에게 전해짐. 그는 리에게 "모두가 방언을 말하겠습니까?"
라는 단 한 문장의 전보를 보냄. 워치만 니가 복음의 일을 위
해 톈진을 방문함. 일련의 메시지들이 나중에 〈정상적인 그
리스도인의 믿음〉으로 출판됨. 봄에 워치만 니가 허난성 카
이펑(開封)에 가서 복음을 전함. 스티븐 강이 전시간으로 봉
사하기 시작함.

1937년, 1월에 워치만 니는 상하이에서 동역자 집회를 소집함. 같
은 메시지가 한커우(漢口)에서도 전해짐. 단지 소수의 동역
자만 참석함. 이 메시지들은 나중에 〈정상적인 그리스도인
의 교회생활〉로 출판됨. 1월부터 3월까지 위트니스 리가 항
저우(杭州), 난징, 지난, 칭다오(靑島), 취푸를 방문함. 그해
전반기에 몇 명의 여선교사들이 상하이 교회에 합류함. 중일
전쟁(1937-1945년)이 일어나 주님의 회복 안의 많은 성도들
과 동역자들이 해안 도시에서 중국 내지와 홍콩, 싱가포르
등으로 흩어짐. 이 기간에 워치만 니는 흩어진 성도들을 섬
기기 위해 공식 출판이 아니라 자신의 개인 사역의 일부로서
《열린 문(Open Door)》을 발간함. 7월에 워치만 니는 필리핀
과 싱가포르를 방문함. 9월에 워치만 니는 동아시아에서 십
주를 보낸 후, 영국에 가기 전에 몇 가지 일을 돌보도록 중국
한커우로 돌아가야 한다는 주님의 인도하심을 받음. 워치만
니가 동아시아에 머무는 동안 스티븐 강과 Faithful Luke는
홍콩에서 웨이광시 형제와 함께 머묾. 11월 6일에 워치만 니

는 한커우로 돌아옴. 10월에 웨이광시 형제가 일(work)을 홍콩에 가져옴. 그는 홍콩에 오래 머물지 않고 복음을 전하러 윈난(雲南)의 쿤밍(昆明)으로 돌아감. 웨이광시 형제가 돌아간 후에 홍콩의 네 명의 인도자들이 서로 다툼. 이 일로 1937년과 1938년에 워치만 니가 상하이, 홍콩, 필리핀, 말레이시아를 방문해야 했고, 웨이광시 형제가 일을 다시 시작하기 위해 홍콩으로 돌아옴. 10월에 위트니스 리가 한커우에서 취푸로 돌아가 일하며 가족들을 돌봄. 12월 20일에 워치만 니는 홍콩에 가서 삼 주 동안 머물다가 다시 상하이로 돌아옴. 홍콩에 머물던 스티븐 강이 싱가포르에 초청받아 갔다가 1938년 2월에 돌아옴.

1938년, 워치만 니는 1월 31일부터 2월 12일까지 매일 저녁에 두 시간씩 "성령의 부어짐에 관한 진리"에 대한 성경 공부를 주관함. 2월에 홍콩, 싱가포르, 말레이시아를 다시 방문함. 홍콩에서 "어떤 종류의 사람이 하나님의 보상을 받는가?", "빛 비춤의 중요성"이란 주제로 특별 집회를 가짐. 3월 3일에 홍콩을 떠나 싱가포르, 말레이시아, 인도, 영국을 방문함. 5월에 런던 오너 오크(Honor Oak)에 있는 SCF를 두 번째로 방문함. 워치만 니는 거기서 일 년 이상을 머묾. 그는 스팍스와 영국에 있는 형제들에게 교회와 교회의 실행에 관해 그가 본 이상을 전할 부담을 가짐. 그러나 받아들여지지 않음. 워치만 니는 피쉬바허(E. Fischbacher) 자매의 도움을 받아 〈우리의 일을 재고함〉을 영어로 번역함. 훗날 스팍스는 이 책이 교회와 터를 말하고 있다는 것을 발견하고 책들을 배편으로 상하이에 있는 워치만 니에게 되돌려줌. 10월에 워치만 니는 영국을 떠나 노르웨이와 덴마크와 스웨덴을 방문함. 그 후에 그는 벨기에와 프랑스에 감. 일의 필요가 있어서 당시 그는 유럽을 떠날 수 없었음.

1939년, 위트니스 리가 워치만 니에게 왜 스팍스를 중국에 초대하지 않느냐고 묻자 "아직 때가 아닙니다."라고 답변함. 5월에 워치만 니는 영국을 떠나 7월에 상하이로 돌아옴. 8월에 워치만 니는 새로운 이상을 보았고 그리스도의 몸에 관한 일련의 특별 집회를 가짐.

1940년, 4월에 워치만 니는 유화촌에서 두 달간의 훈련을 시작했고, 오십에서 팔십 명이 이 훈련에 참여함. 이 훈련의 주제는 헌신, 몸을 앎, 교회생활의 실행이었음. 위트니스 리와 Faith Ghang-Wang도 이 훈련에 참석했지만, 스티븐 강은 서남 아시아를 방문하기로 결정함. 두 달의 훈련 후에 리는 취푸로 돌아감. 워치만 니의 훈련은 이 년간 지속됨(리가 이 훈련에 있던 어느 날 워치만 니는 그에게 자신에게 교회 건축의 청사진이 있다고 말함. 이어서 그는 교회 안의 실지적인 봉사들에 대해 자세히 설명함. 후에 리는 취푸로 돌아가 이 청사진에 따라 교회의 실지적인 봉사들을 안배하자 큰 부흥이 일어남). 웨이광시 형제가 일을 다시 시작하려고 홍콩으로 돌아감.

1942년, 상하이에 큰 소요가 발생함. 이 소요와 일본군의 침략으로 상하이 교회의 모임이 사 년간 중단됨. 워치만 니는 충칭(重慶)으로 갔고, 거기서 〈교회의 정통〉을 출판함. 그해 말에 취푸에 큰 부흥이 있었고, 이 부흥은 1943년 4월까지 지속되어 이주하는 실행이 생겨남.

1943년, 5월에 위트니스 리는 한 달간 투옥됨. 그가 풀려난 후에 병을 얻어 건강 회복을 위해 취푸에 머묾. 그는 1944년 10월에 칭다오(靑島)로 옮겼고 거기서 1946년 여름까지 머묾.

1945년, 8월에 원자 폭탄이 히로시마와 나가사키에 투하되었고, 스탈린이 일본에게 전쟁을 선포한 후 소련군이 만주를 침공함. 중국과 일본 사이에 제2차 세계대전을 종결하는 공식 항복 행사가 있게 됨. 전쟁이 끝나자 워치만 니는 취푸로 돌아옴. 워치만 니는 중국을 떠나는 선교사들에게서 구링(鼓嶺)에 있는 몇 채의 별장을 구입함.

1946년, 4월에 중국 공산당이 농촌을 접수한 후에 소련군이 만주에서 철수함. 5월에 마오쩌둥은 농촌에서의 급진적 토지 분배와 전면적 계급 투쟁을 촉구함. 6월에 국민당은 중국 공산당을 만주 접경까지 추격했으나 트루먼 대통령이 전쟁 종식을 촉구하여 진군을 멈추게 됨. 중국 공산당이 재편성되고 소련군에 의해 훈련됨. 9월에 트루먼은 1946년과 1947년에 무기 금수 조치를 단행함. 전쟁이 끝나자, 위트니스 리는 중국 북부에서 "생명나무"를 주제로 한 특별 집회를 가짐. 1946년에 상하이 교회 집회들이 재개됨. 6월에 장유란이 리를 난징에 초청함. 리는 거기서 상하이에 있었던 리위안루 자매와 세 명의 동역자들인 쉬다웨이(許大衛), 장위즈(張愚之), 장노년을 회복시킴. 10월에 리가 상하이로 이주하여 부흥을 가져옴. 많은 대학생들이 교회생활 안으로 연결됨.

1947년, 국민당은 1946년 12월부터 1947년 12월까지 그들의 정예부대를 만주에 계속 투입하였고, 이것은 죽음의 함정이 됨. 봄에 위트니스 리는 상하이 교회를 인도하여 복음을 전하게 함. 여름에 상하이 교회 인수는 백 명에서 천 명으로 증가하였고, 열여섯 가정에서 모임을 가짐. 그해 말에 위트니스 리, 왕페이전, 리라제가 홍콩을 방문함.

1948년, 중국 공산당이 중국 북부를 점령함. 1947년 12월부터 1948년 11월까지 중국 공산당이 모든 주요 도시를 봉쇄한 후에 만주 전투에서 승리함. 2월에 위트니스 리가 푸저우를 방문하여 푸저우와 인근 도시에 있는 성도들과 특별 집회를 개최함. 2월 26일의 푸저우 집회 후에, 리는 Nan Tai에 있는 워치만 니 집으로 그를 방문할 계획을 세움. 푸저우의 약 이십 명의 성도들이 위트니스 리를 따라 워치만 니의 집에 갔고, 워치만 니는 그들이 방 밖에 조용히 앉아 있는 것만 허락했음. 그 모임에서 워치만 니는 "예루살렘 노선을 위해 모든 것을 내놓음"을 교통함. 그날 저녁에 푸저우의 책임 형제들이 위트니스 리에게 와서 그 모임을 위트니스 리에게 위임함. 위트니스 리는 워치만 니가 그 집회에서 말씀을 전해 줄 것을 요청했고, 워치만 니는 수락함. 3월 3일에 워치만 니는 단상에서 "언약궤의 역사"에 관한 메시지를 전했는데, 이것은 그가 이십사 년 전에 같은 장소에서 전했던 것과 같은 내용임. 이것은 상하이에서 소요가 있은 후에 그가 첫 번째로 전한 것임. 후에 왕짜이 형제가 아시아 남부에서 돌아와서 그 집회를 연 것에 대해 책임 형제들을 책망함. 형제들은 하나의 터를 취하고 왕짜이 형제 가족의 교회가 되기를 거절함. 4월에 워치만 니는 리와 함께 상하이로 돌아와서 국제 동역자 집회에 참석했고, 그의 사역을 재개함. 5월에 구링 훈련이 다시 시작됨. 이 훈련은 1948년 5월 하반기에 시작하여 같은 해 10월 초에 끝남(워치만 니는 제약 회사 수익금을 구링 훈련 센터 구입에 사용함. 이 훈련의 마지막 집회에서 워치만 니는 "이십 년 안에 중국 전역을 복음화하자."라는 계획을 발표함. 11월에 정치적인 상황이 급변하자 상하이에 있는 동역자들은 리를 해외로 보낼 것을 제안함. 워치만 니는 구링으로 돌아왔고 리는 집회소 건축 때문에 상하이에 머묾. 그해 말에 장우천을 포함한 네 명의 동역자들이 대만에서의 증거를 강화하도록 대만으로 보내어짐).

1949년, 1월 22일에 중국 공산당이 베이징을 접수했고, 4월과 5월에는 국민당 정부의 수도였던 난징을 점령하고 이어서 상하이도 차지함. 10월 1일에 마오쩌둥은 톈안먼(天安門) 광장에서 중화인민공화국(PRC)을 선포함. 마오쩌둥은 스탈린에게 승인을 얻기 위해 1949년 12월부터 1950년 1월까지 모스크바에 머묾. 1월과 2월에 워치만 니는 리를 해외로 보내는 문제를 재확증하기 위해 또 다른 긴급 모임을 소집함. 3

월에 두 번째 구링 훈련이 시작되어 7월에 마침(4월에 안전을 고려하여 훈련 장소를 푸저우에 있는 워치만 니의 집으로 옮겨서 진행함). 리는 대만으로 보내어졌고, 8월에 타이베이(臺北)에서 1차 특별 집회를 가짐. 워치만 니는 8월에 Canton과 홍콩을 방문하여 동역자들과 최소 다섯 차례 교통을 가짐. 워치만 니는 제임스 첸을 샤먼(廈門, Amoy)에서 홍콩으로 부름. 워치만 니는 홍콩에 몇 달 머물렀지만 교회와 공개적인 교통을 갖지 않음. 11월에 홍콩에 있는 동역자들과 한 차례 교통을 가짐.

1950년, 2월에 중국 공산당은 소련과 상호방위우호협정을 체결함. 중국 공산당은 1950년 6월부터 1952년 6월까지 농지 개혁을 실시함. 6월 25일에 북한이 남한을 침공함. 9월 7일 인민해방군이 티베트를 침공함. 1950년 10월부터 다음 해 10월까지 대대적인 반혁명 세력 진압 운동이 펼쳐짐. 10월 18일에 한국전쟁에 참전하고, 11월부터 '항미원조' 운동이 전개됨. 워치만 니는 홍콩에 다시 가서 물질적인 소유를 내놓음을 통한 큰 부흥을 이끎. 2월에 워치만 니는 위트니스 리에게 전보를 보내 홍콩에 오게 했고, 홍콩 교회의 사무를 돌보며 집회에서 말씀을 전하도록 요청함. 리는 한 달 반가량 홍콩에 머묾. 워치만 니는 제임스 첸과 웨이광시를 포함한 다섯 형제들을 장로로 임명함. 그는 또한 세 곳에 복음서원(홍콩, 상하이, 타이베이)이 있도록 결정함(이 여행 동안 워치만 니는 리에게 약물 제조 샘플을 주면서 사업을 하여 재정적인 필요를 채우게 함). 3월에 워치만 니는 상하이 교회로부터 긴급 연락을 받고 12일에 돌아감. 워치만 니는 3월 20일에 모친상을 당함. 리는 상하이에 돌아가서 "오늘날의 그리스도인들의 태도"라는 제목의 말씀을 전함. 6월에 상하이에 있는 YMCA에서 있었던 세미나에서 워치만 니는 '믿음'을 이유로 삼자운동에 대한 반대를 표명함. 7월에 워치만 니는 동역자 집회에서 "모든 기회를 붙잡음"이라는 말씀을 전했고, 그 내용이 〈열린 문〉 21호에 게재됨. 9월에 워치만 니는 '영적인 원칙'의 관점에서 중국 기독교 측의 성명문에 대한 유보적인 태도를 표현했고, 지방 교회들 안에 있는 모든 책임 형제들에게 서명 운동에 관하여 "듣지도, 믿지도, 퍼뜨리지도 말 것"을 명령함. 10월에 상하이 교회의 동역자들이 서명한 "A Necessary Word of Clarification"이라는 서한이 〈열린 문〉 22호에 게재됨.

1951년, 1월 1일에 워치만 니는 상하이 교회에서 "떡 다섯 개와 물고기 두 마리"라는 신년 메시지를 전함. 4월에 워치만 니는 토착 교회의 대표로서 공산 정부에 의해 베이징 특별 집회에 초대됨. 이때 워치만 니는 종교의 자유가 이 정부를 지지하는 이들만 누릴 수 있는 것임을 간파함. 같은 기간에 이틀에 걸쳐 복음 전도자인 Gu Ren'en에 대한 비판이 있었음. 4월 27일에 수천 명의 지식인과 개인이 체포되었고, 상하이 교회의 동역자 몇 명도 구금됨. 여러 성도들이 시험을 통과해야 했고, 교회 집회는 계속 극심한 비정상적인 상태에 놓이게 됨. 5월 2일에 정부 지원을 받는 잡지인 '천풍'은 삼자 조직에 가입하도록 모든 그리스도인들에게 자아비판과 재교육에 참여하라고 촉구함. 이러한 정치적인 탄압 아래서 워치만 니와 그의 동역자들은 밤낮으로 성도들의 믿음을 강화하는 성경 공부 교재와 영적인 메시지들을 준비함. 6월 10일에 상하이에서 서양 선교사들을 공격하는 대규모 군중집회가 있었고, 각 믿는 이들은 서로를 비판하도록 강요됨. 7월에 전국의 지방 교회들이 공격을 받음. 워치만 니는 심장병이 재발하여 다시 침대에 몸져누워야 했음. 8월에 워치만 니는 스팍스나 위트니스 리를 공개적으로 비난하라는 요구를 받았으나 거절함. 이 기간에 워치만 니는 필사적으로 기도하며 개인적인 인도를 구했고, 주님의 다시 오심을 간절히 바라게 되었음. 이때 찬송가 760장을 포함한 몇 곡의 찬송을 지음. 10월부터 1952년 6월까지 정부 인사들을 숙청할 목적으로 '3반 운동'이 전개됨. 교육받은 엘리트층을 국가 관료로 흡수하도록 사상 개조 운동이 설계됨. 1951년부터 1953년까지 토지가 재분배되자, 농민들은 농기구와 일하는 소와 노동력을 공유해야 했음. 10월 30일에 천풍은 사설로 난징 교회를 비밀 조직이라고 공격하고, 워치만 니와 그의 사역을 정죄함. 연말에 거의 모든 선교사들이 철수함. 그들 중 몇 명은 떠나기 전에 상하이 교회 집회에 참석하여 워치만 니의 성경 해석을 통해 영적인 공급을 받았고, 복음의 열정이 다시 불타게 되었으며, 워치만 니의 개인적인 간증에 감동을 받았다고 증언함.

1952년, 1월부터 6월까지 마오쩌둥은 '5반 운동'으로 알려진 개인 부문에 대한 전쟁을 선포함. 1월에 작성된 한 정부 보고서는 워치만 니와 다른 청원자들을 토지 개혁을 허무는 정치범으

로 고발함. 2월에 CCP의 중앙위원회는 지방 교회들을 정부
에 반대하는 '반동 그룹'으로 분류함. 4월 10일에 워치만 니
가 상하이에서 체포되어 선양에 구금됨. 워치만 니는 끊임없
는 비밀 심문에 시달림. 그는 1952년 4월부터 1956년 2월까
지 구금되었고, 그가 대부분의 그의 동역자들에게 반삼자운
동의 입장을 취하게 했다는 혐의를 씌움. 워치만 니와 교통
이 부족했던 일부 지방 교회들의 인도자들은 등록을 강요받
고 굴복됨. 5월에 지방 교회(적은 무리)가 정부 보고서에 재
차 '반동 그룹'으로 분류됨. 7월에 대부분의 지방 교회들의
구성원들이 3반 운동 기간에 삼자운동에 반대하는 반동들로
평가됨. 조사가 끝나는 8월까지 워치만 니의 비밀 구금이 유
지됨. 2월부터 4월까지 베이징은 미국이 세균 전쟁을 벌였
다고 의심함.

1953년, 3월 5일 스탈린이 사망함. 7월 27일 한국전쟁에서 정전협
정이 이루어짐. 여름에 마닐라에서 국제 집회가 열림. 9월부
터 12월까지 위트니스 리가 타이베이에서 정규 훈련을 시작
함. 그해 말에 상하이복음서원은 기회를 붙잡아 워치만 니의
책들과 메시지들을 편집하고 출판함.

1955년, 11월 24일에 중국 공산당(CCP) 중앙위원회는 종교사무 중
앙위원회로부터 '지방 교회들 안에 숨어 있는 반혁명분자들
을 소탕함에 관하여'라는 기밀 보고서를 접수함. 12월 25일
에 CCP는 이 보고서를 승인하고 다음 해 2월까지 시행하도
록 전국에 명령서를 내보냄.

1956년, 1월 18일 상하이 종교국이 워치만 니와 그의 동역자들에 각종 혐의를 씌워 적개심을 일으키고 그달 말에 있을 대규모 군중집회를 준비할 목적으로 난양로 교회 집회소에 성도들을 소집하여 십이 일 동안 집회를 가짐. 1월 29일에 상하이 공안국 법정에서 워치만 니에 대한 비밀 청문회가 열렸고, 워치만 니에게 반정부 반혁명분자라는 혐의를 씌움. 같은 날 상하이 교회를 겨냥해 '숨겨진 반혁명분자 척결 운동'을 시작함. 위청화(俞成華), 장위즈, 랜지위, 왕페이전, 리위안루를 포함한 상하이 교회의 동역자들과 장로들이 긴급 구금됨. 같은 달부터 시작해서 전국적으로 수천 명의 지방 교회들의 인도자들이 체포됨. 1월 30일에 정부 당국이 미리 각본을 짠 고발 집회가 열렸고 거짓 증거를 편집한 '범죄 증거 전시'가 있게 됨. 그 군중집회에서 부시장이 워치만 니와 그의 협력자들이 종교적인 이유가 아니라 정치적인 음모 때문에 삼자회를 반대한다고 고발함. 이어서 공산 정부에 의해 특별히 안배된 릴리 슈(Lily Hsu)가 등장하여 워치만 니와 상하이 교회 인도자들을 공개 고발함. 2월 1일에 상하이 해방일보가 워치만 니의 체포 소식을 처음으로 보도함. 2월 2일에 해방일보, 그리고 2월 20일에 정부의 지원을 받는 잡지인 '천풍'이 릴리 슈의 고발 연설문(전문)을 보도함. 그 후 정부는 공개 고발과 자신들의 믿음을 공개적으로 포기한 활동가들로 '신자 학습 위원회(BLC)'를 조직하게 함. 릴리 슈는 그 위원 중 한 명임. 6월 21일에 워치만 니는 재판을 받기 위해 상하이 고등법원 법정에 출석함. 다섯 시간 동안의 재판 결과 '반혁명분자'로 최대 십오 년의 징역형(1952-1967년)과 노동교화소형을 언도받고 상하이 제1 교도소인 티란치오 감옥 (Tilanqiao Prison)에 보내짐.

1963년, 감방 재배치로 우요치 형제가 워치만 니와 같은 감방에 있게 됨. 어느 날 간수들이 워치만 니를 불러내었고, 그가 믿음을 포기하면 집으로 돌아갈 수 있게 해 주겠다고 회유함. 워치만 니는 거절함.

1967년, 4월에 워치만 니의 수감 기간이 끝남. 전 세계 기독교인들이 그의 석방을 위해 기도함. 워치만 니의 아내가 건강이 악화되었지만 홍위병들은 몇 달 동안 열두 번도 더 집을 급습하여 괴롭힘. 그녀는 워치만 니가 풀려나는 날이 반드시 올 것을 확실히 믿었음. 교도소에서는 방송을 통해 '당신들이 우리가 만족할 만큼 개조되지 않았다면 형기가 끝나도 풀려날 수 없고 오 년 혹은 칠 년 더 연장될 것임'을 수시로 경고함. 12월의 홍콩 교회의 한 자료에 따르면, 홍콩 중국은행에 상당량의 미화를 보석금으로 입금한다면 워치만 니와 그의 아내가 중국 본토를 떠나는 조건으로 공산당 정부 고위 관료들이 석방에 동의했음을 알 수 있음. 그러나 워치만 니는 그 제안을 거절함. 그 후 중국 공산 정부는 공개적으로 '워치만 니가 믿음을 버렸다'는 소문을 퍼뜨림. 다음 해 초에 거래가 취소되었다는 공식 뉴스가 있었고, 워치만 니에게 오 년 더 수감하라는 선고가 내려짐. 워치만 니는 상하이 제1 교도소에서 청포에 있는 농장 노동 교화소로 이감됨.

1969년, 노동 교화소 농장 주임이 워치만 니에게 호의적으로 대하면서 그의 신앙을 포기할 것을 강권했지만 워치만 니가 거절함. 이러한 거절로 인하여 워치만 니는 또다시 다른 장소로 옮겨 가게 됨.

1970년, 1월에 워치만 니는 안후이(安徽)성 바이마오링 농장의 노동 수용소로 가게 됨. 이때 그의 심장병이 재발하여 극심한 고통을 겪음.

1972년, 4월 22일에 워치만 니는 감옥에서 그의 처형에게 편지를 보냄. 자신은 기쁨을 유지하고 있다고 적음. 5월 25일에 워치만 니는 자신이 풀려날 가망이 없음을 알고, 수감 동료인 우요치 형제에게 이렇게 말함. "요치, 자네는 앞으로 풀려날 수 있을 걸세. 나가거든 위트니스 리라는 사람을 찾아가게. 그에게 내가 믿음을 포기하지 않았다고 말해 주게. 그에게 여기에서의 나의 모든 상황에 대해 말해 주게. 자네가 그를 보는 것이 곧 나를 보는 걸세. 그가 자네에게 무슨 말을 하든 그것은 내가 자네에게 하는 말일세. 자네가 그에게 자네를 돌봐 달라고 요청하면, 그는 분명히 자네를 내 아들처럼 보살펴 줄 걸세." 5월 30일에 워치만 니는 자신이 곧 죽을 것을 알고 감옥에서 마지막 편지를 씀. 5월 30일 밤부터 6월 1일 이른 아침 사이에 워치만 니는 주님에 의해 데려가지고 안식을 누렸음.
주님 품에 가기 전인 5월 25일에 그는 안후이성 광더현의 바이원산 농장으로 옮겨졌음. 5월 30일자의 마지막 편지에서 그는 "저는 병중에서도 여전히 기쁨을 간직하고 있습니다."
라고 썼음. 그는 죽기 전에 그의 베개 밑에 온 세상에 자신의
믿음을 증언하기 위해 한 장의 메모를 남겨 놓았음. "하나님
의 아들 그리스도는 사람의 죄를 속량하기 위해 죽으시고 삼
일 만에 부활하셨다. 이것은 우주 가운데 가장 놀라운 사실
이다. 나는 그리스도를 믿음으로 죽노라. 워치만 니."

5월 31일 새벽 2시에 그는 육십팔 세의 나이로 바이원산 농
장에서 감금 상태로 죽었음. 그의 유골은 저장(浙江)성에 있
는 그의 아내와 같이 묻혔음. 1989년 5월에 그의 두 조카들
은 워치만 니와 그의 아내의 유골을 저장성에서 강서성 쑤
저우시 향산에 있는 공동묘지로 옮겨 그의 남동생들 옆에
묻었음.

구링산(鼓嶺山) 훈련 장소와 워치만 니의 무덤

워치만 니의 결혼식

부록 2

릴리 슈의 영문 책자에 대한
스티븐 라바스코의
아마존 후기

릴리 슈의 책에 대한 아마존 댓글들 중 스티븐 라바스코의 글

첫 번째 글은 스티븐 라바스코(Stephen Rabasco)라는 분이 실명으로 쓴 것입니다. 그는 이 글에서 다음과 같은 몇 가지 매우 놀라운 사실을 폭로하고 있습니다.

첫째, 그는 릴리 슈가 썼다는 일련의 중국어와 영어로 된 책은 사실은 다나 로버츠가 여러 자료들을 모아 편집한 것이라는 의견을 제시했습니다. 릴리 슈가 팔십 세가 넘는 나이에 그토록 짧은 시간에 이런 상당한 분량의 책을 기획, 저술, 편집, 출판해 내는 것이 사실상 쉽지 않다는 것입니다.

둘째, 그녀의 영어책이 이름 있는 출판사가 아니라 자비를 들여 출판할 수밖에 없었던 것은 책에서 주장하는 내용들이 객관적인 신뢰성을 검증할 길이 없기 때문이라고 합니다. 그 당시 상하이 교회 관련자들은 대부분 죽었고, 중국 정부 자료들은 객관적인 정황상 믿을 수 없기 때문입니다.

셋째, 그 혹독한 격변기에 다른 이들은 모두 체포, 투옥, 혹은 처형되었는데, 릴리 슈가 정부에 의해 고난받았다는 흔적이 어디에도 없습니다. 이것은 그녀의 부친이 대만으로 후퇴하던 국민당을 따라간 소위 반혁명분자 집안 이력을 볼 때 매우 이례적이었습니다. 그런데 글쓴이는 자체 조사를 통해 감춰졌던 충격적인 이유를 밝혀냈습니다. 사실 그 당시 상하이 교회에서 공산당에 의해 회유당했던 의대 학생은 모두 두 명이었답니다. 그런데 릴리 슈는 자신의 신분상 약점도 극복하고 앞으로 어려움 없이 살 수 있는 길, 즉 워치만 니를 무고하는 길을 선택해 의대를 졸업했습니다. 반면에 또 다른 학생은 워치만 니와 교회 성도들을 정죄하라는 지시를 거부하여 이십일 년을 감옥에 있어야 했습니다.

우리의 경험에 대비해 말하자면, 릴리 슈는 일제 강점기에 친일을 하고 애국지사를 탄압한 대가로 작위를 받아 호가호위했던 일종의 친일파와 같은 처신을 한 것입니다. 그렇다면 이런 과거 행적을 회개하거나 조용히 숨어 지내는 것이 일반적인데, 그녀는 워치만 니를 희생양으로 삼는 책을 써서 자기 정당화를 하고 있는 것입니다.

넷째, 릴리 슈가 상하이 교회에서 침례를 받은 것이 십육 세 때인 1947년 9월입니다. 워치만 니가 투옥된 것은 오 년 후인 1952년 4월입니다. 워치만 니는 그 기간 중에도 두 차례의 구링 훈련(1948년 5-10월, 1949년 8월-1950년 초)을 위해 상하이를 떠나 있었습니다. 그렇다면 그 어린 자매가 워치만 니를 직접 알 수 있는 기간은 정말 얼마 되지 않습니다. 그런데도 그녀는 책 제목은 물론이고, 마치 워치만 니의 모든 것을 직접 목격해서 안 것처럼 자신의 책에 썼습니다. 글쓴이는 그 점을 이렇게 지적합니다.

"(그녀는 자신이 상하이 모임에서 청년 지도자로서 가장 중요한 인물인 것처럼 거짓으로 묘사하고 있습니다. 그녀는 워치만 니가 어디에 있는지, 어디에 있어야 하는지, 그가 무엇을 하고 있었는지 등 알려지지 않은 부분까지 다 알고 있는 것처럼 보입니다. 마치 마법을 부리듯 릴리 슈는 워치만 니의 가장 깊은 속마음과 그가 보이지 않을 때 무엇을 했는지까지 알고 있습니다. 얼마나 기괴하고 오만합니까! 그녀가 상하이에 있었는지는 모르지만 사건의 목격자가 되려면 현장에 있어야 하며, 그렇지 않으면 모두 소문일 뿐입니다. 그녀는 워치만 니의 부적절한 행동에 대한 목격자가 아닙니다. 아무것도요.) 논리적으로 말이 안 됩니다."

다섯째, 글쓴이는 자신의 글 끝부분에 이렇게 반문합니다. "이 책에 포함된 정보를 사실로 받아들이는 독자는 1949년 이후의 중국 역사, 문화대혁명, 상하이 교회를 점령한 삼자애국운동(TSPM)에 대해 전혀 이해하지 못한다는 것을 의미합니다. 릴리 슈가 그렇게 말했다고 해서 그녀의 주장이 사실이라고 생각하시나요? 중국 공산당의 '증거'를 믿으시나요?"

여섯째, 릴리 슈는 현재 구십삼 세인데 또 다른 책을 쓰고 있다고 합니다. 우리는 그녀가 어떤 책을 쓰고 있는지 모르지만, 위의 글쓴이는 만일 책을 쓰려면 이런 책을 쓰라고 조언하고 있습니다. "아마도 릴리 슈의 다음 책은 상하이 집회 장소의 좌석 수에 해당하는 3,000쪽 분량으로 해서 그녀가 비난하고 위험에 빠뜨린 2,999명의 형제자매들 각 사람에 대한 사과문을 실어야 하며, 당연히 워치만 니에게 사과하는 1쪽을 추가로 포함해야 할 것입니다. 하지만 제 생각에 그녀는 결코 사과하지 않을 것입니다. 절대로."

스티븐 바라스코라는 분이 쓴 후기 내용의 영어 원문인 아마존 후기 출처는 다음과 같습니다.

https://www.amazon.com/My-Unforgettable-Memories-Watchman-Shanghai/dp/1625099401/ref=sr_1_1?crid=19O8HYWCF6J9S&keywords=my+unforgettable+memories&qid=1692824098&s=books&sprefix=my+unforgettable+memories%2Cstripbooks%2C132&sr=1-1

나는 이 책(릴리 슈의 '나의 잊을 수 없는 기억들')을 한 페이지한 페이지, 한 줄 한 줄, 표지부터 표지까지 읽었습니다('새로운 내용과 은혜'가 추가되었다고 하기에 중국어 확장판도 주문했었지만, 실제로는 판매량을 늘리려고 그냥 이것저것 더 채워 넣은 것임을 깨닫고 즉시 반품했습니다. 45달러를 돌려받았습니다. 감사합니다, 아마존!).

중국과 미국 전역에서 리서치, 직접 인터뷰, 데이터 검증, 중국어에서 영어로 번역, 중국어 번체와 간체 본문 설정, 편집, 교정, 인쇄, 국내외 판매를 위한 마케팅 그리고 단기간에 단 한 권의 책이라도 국내외에서 판매하는 것은 혼자서 해내기 어려운 작업입니다. 로버츠(Roberts)는 자신들의 엉성한 출판에 대해 다른 곳에서 이렇게 말했습니다. "편집 문제는 잘 지적한 부분입니다. 저도 동의합니다. 이 책에는 편집자가 너무 많아요." 그렇다면 어떻게 로버츠가 자신의 책에 별점 5점 만점에 5점을 줄 수 있었을까요? 로버츠는 이 조잡한 작품의 편집자임에 틀림없습니다.

날짜와 페이지 수와 저자인 릴리 슈의 나이를 포함해서 릴리 슈가 출판했던 책들의 아래 타임라인을 살펴보세요.

중국어(번체), 2011년 2월 18일, 378쪽, 저자 나이 80세.
중국어(간체), 2011년 2월 21일, 394쪽, 저자 나이 80세.
영어 번역, 2013년 3월 29일, 378쪽, 저자 나이 82세.
중국어('누구를 위해 사이렌이 울부짖는가'라는 새롭고 도발적인 영어 제목이 포함된 개정 확장판), 2018년 5월 7일, 720쪽, 저자 나이 87세.
이 책은 342쪽 분량의 '새로운' 자료가 추가되어 초판의 두 배 분량이며, 90세가 가까운 분의 놀라운 업적입니다.

저자이자 편집자인 릴리 슈와 다나 로버츠는 자신들이 기독교인이라고 주장합니다. 그러나 그들은 불신자처럼 글을 씁니다. 적어도 '기독교인'으로서 그들은 최소한 독자들에게 구매한 가격을 환불해야 한다는 강박감을 느껴야 합니다. 그러나 그들은 그렇게 하지 않을 것입니다(농담이 아닙니다. 잉크가 젖어 흘러내립니다. 첨부된 사진을 보세요). 이 책은 매우 부실하게 쓰이고 편집된 책으로서, 그들의 터무니없는 주장에 대한 사실도, 증거도 제시하지 않습니다. 이 책이 자비로 출판된 데에는 이유가 있습니다. 확실한 증거가 뒷받침되지 않기 때문에, 릴리 슈와 로버츠의 이런 비난들을 평판이 있는 출판사라면 어떤 곳도 출판하려고 하지 않을 것입니다. 상하이 모임에 참석했던 성도들은 대부분 이미 고인이 되었습니다. 워치만 니에 관한 중국 정부의 기록은 공개되지 않았습니다. 범죄 기소장만 아홉 권 약 2,300쪽입니다. 어쨌든 신뢰할 수 없는 기록들입니다.

이 자서전은 워치만 니와 지방 교회에 대해 수십 년 동안 깊은 분노와 증오를 품고 있던 두 사람—릴리 슈는 1956년부터 그리고 다나 로버츠는 1980년부터—이 공동으로 노력한 결과물일 뿐입니다. 이런 상태에서 객관적인 분석은 아예 불가능합니다.

워치만 니가 중국에서 이십 년 동안 수감된 것에 대한 두 사람의 아래와 같은 냉담한 언급들을 생각해 보세요. 거의 백 년이 넘는 세월을 그렇게 쉽게, 그리고 오랫동안 증오할 수 있다는 것이 놀랍습니다.

릴리 슈는 "공산당 앞에서 그(워치만 니)는 겁쟁이였다."(275쪽), "워치만 니에 대한 진실이 드러나고 감옥에 갇히게 된 상황은 그에게 좋은 일이었다. … 워치만 니는 고통스러운 결과를 받아 마땅했지만, 그의 마음은 해방받았다. 그는 자신이 한때 나쁜 사람이었음을 솔직히 인정할 수 있었다."(280쪽)라고 거짓 증언을 했습니다.

다나 로버츠는 "워치만 니가 감옥에서 기적적으로 풀려나지 않은 것은 아마도 하나님의 긍휼 때문일 것이다. 그가 자랑할 수 없도록 문이 열리지 않았기 때문일 것이다."(297쪽)라고 말했다. 제 말은 그 사람이 하나님이 아닐진대 누가 이런 말을 할 자격이 있느냐는 것입니다. 그러면서도 로버츠가 "성경은 우리가 그리스도를 본받으라고 요구한다."(293쪽)라고 단정적으로 말하는 것이 납득하기 어렵습니다.

저는 로버츠가 다른 기독교인을 고소하는 것은 그리스도인답지 않다고 생각하면서도, 1956년에 Tian Chan 극장에서 불신자들, 이 경우에는 공산당 정부 앞에서 했던 릴리 슈의 거짓 증언을 전심으로 지지하고 있는 것은 모순이라고 생각합니다. 릴리 슈와 로버츠는 어찌하든 워치만 니가 체포되어 적법한 절차를 밟았고, 공정한 재판을 받았으며, 배심원들에 의해 유죄판결을 받았고(물론 배심원단은 없었습니다), 이해관계가 없는 공정한 판사에 의해 십오 년 징역형을 선고받았다는 식의 허구를 홍보하여 중국 공산당을 대변하는 말을 쉽게 합니다. 그들은 기본적으로 워치만 니가 소위 '범죄와 부도덕'에 대해 마땅히 받아야 할 대가를 받았다고 말하고 있습니다. 즉 사건이 종결되었다고 말합니다. 그렇다면 그의 아내 장 핀후이도 같은 이유로 마땅히 받았어야 할 대가를 받은 걸까요?

로버츠는 저자인 릴리 슈가 자신이 이십사 년이 넘도록 신앙을 버렸다고 계속 인정해 온 것처럼, 워치만 니도 그렇게 했더라면 사실 1962년 초에 워치만 니에게도 감옥 문이 열릴 기회가 있었다는 사실을 무시하고 있습니다. 워치만 니에게는 몇 번이고 선택의 기회가 주어졌습니다. 하지만 워치만 니는 가까운 동역자였던 장위즈가 처형당하고, 수많은 동료들(위청화, 리위안루, 왕페이전과 그 외 형제자매들)이 고문을 포함한 극도로 잔인한 감옥 환경으로 인해 죽은 상황에서도 마지막까지 신앙을 굳건히 지켰습니다. 수천만 명이 굶어 죽었던 대기근(1959–1961년) 당시 교도소 음식은 어땠을까요? 물을 섞은 쌀알에 풀이나 잡초를 조금 섞어 먹는 정도였을 겁니다. 리위안루와 왕페이전은 릴리 슈의 거짓 주장과는 달리 끝까지 충성을 다했습니다. 두 사람 모두 1969년 같은 해에 수용소에서 사망했습니다. 장핀후이(워치만 니의 아내)와 워치만 니의 둘째 누나인 니귀전은 신앙 때문에 여러 해 동안 고문과 학대를 당한 끝에 1971년 11월 7일과 1971년 12월 14일에 각각 사망했습니다. 그들은 거의 이십 년 동안 매달 감옥에 있는 워치만 니를 면회하여 평생 그를 후원했습니다. 니귀전은 자신과 함께 워치만 니 곁을 오랫동안 지켰던 장핀후이를 잃은 것에 큰 충격을 받았습니다.

워치만 니의 체포와 재판을 둘러싼 사건과 그로 인해 상하이 모임이 겪은 어려움에 대해 중국어로 쓰인 자료가 많이 있습니다. 1956년에 릴리 슈가 워치만 니와 상하이 교회 회원들을 공개적으로 고발하고 비난한 내용은 중국어로 잘 기록되어 있습니다. 그녀는 중국 전역에서 유명 인사가 되어 주목을 받았습니다. 그것은 하나의 큰 쇼였고 그녀는 스타가 되었습니다.

저는 조사 과정에서, 릴리 슈가 그 당시 육 개월에 걸쳐 워치만 니를 비난하도록 압력을 받고 작업을 당한 두 명의 젊은이 중 한 명이라는 사실을 발견했습니다. 릴리 슈가 워치만 니에 대해 억눌

린 불만이 있었을지 모르지만, 두 사람이 서로 알거나 대화를 나눴다는 증거는 전혀 없습니다. 그런데도 릴리 슈는 거짓 비난을 가했습니다. 상하이 교회의 모든 교인을 위험에 빠뜨릴 권리가 그녀에게 없었음에도 말입니다. 1956년에 중국 공산당 앞에서 한 그녀의 거짓 증언은 간접적이긴 하지만, 교인들의 체포, 투옥, 공개적인 굴욕, 고문, 죽음으로 이어졌습니다. 이것은 릴리 슈나 다나 로버츠가 언급하지 않은 사실입니다. 순교한 형제자매의 일부 목록에는 상하이 모임의 장로였던 장위즈, 루다슝, 리위안루, 왕페이전이 포함됩니다. 장위즈의 공개 처형에 대해서는 책에서 자세히 언급하지 않은 것으로 기억합니다. 그러나 릴리 슈는 순교한 장위즈를 워치만 니의 '범죄'에 연루되었다는 이유로 가혹하게 비판합니다. 그녀의 증오심은 책 전체를 더럽히고 있습니다. 릴리 슈와 다나 로버츠의 말과 행동은 부끄러운 일이지만 그들은 부끄러움을 느끼지 않습니다. 그들은 무감각합니다.

한 목격자는 장위즈가 사형장으로 가는 길에 총살당할 같은 죄수들 사이에서 찬송을 부르며 갔고, 그 얼굴 표정이 평화로웠다고 말했습니다. 다른 수감자들은 개구리 행진을 하거나 트럭을 타고 죽음을 향해 거리를 행진할 때 모두 공포에 질린 표정을 짓고 있었다고 합니다. 목격자들의 증언과 장위즈의 아내와 딸의 증언에 따르면, 장위즈가 트럭에서 내릴 때 찬송을 부르며 웃고 있었는데 한 공안은 "뭐, 곧 죽을 텐데 웃고 있어?"라고 하면서 그의 다리를 잔인하게 발로 찼다고 합니다. 장은 절뚝거리며 사형장으로 향했고 총에 맞아 죽었습니다. 이것이 바로 릴리 슈가 책 전체와 신문 해방일보에 실린 인터뷰에서 자랑스럽게 선전하는 '해방'일까요?

((1) 1956년 2월 7일에 릴리 슈가 웨이쩐 기자와 한 인터뷰, (2) 릴리 슈의 '나는 고발한다.' 이 둘 다 해방일보(상하이, 1956년 2월 2일)에 보도됨).

워치만 니의 신실한 아내인 장핀후이는 투옥과 고문을 겪었습니다. 나중에 건강 악화(고혈압과 심장 질환)로 석방된 후, 그녀는 끝없는 공개 비난과 투옥, 굴욕, 구타, 괴롭힘, 고문으로 인해 머리카락이 완전히 하얗게 변해 동네에서 '바이투파(백발)'로 불렸습니다. 그녀는 매일 아침저녁으로 두 번씩 골목을 쓸어야 했습니다. 한번은 눈이 보라색 '만두'(중국 만두)를 닮을 정도로 잔인하게 구타를 당했습니다. 또 한번은 신발을 쥐고 손을 높이 든 채 한자로 된 경멸적인 문구가 적힌 뾰쪽 모자를 쓰고 몇 시간 동안 가만히 서 있어야 했습니다. 장핀후이는 '반혁명가'의 아내라는 오명에서 벗어나기 위해 워치만 니와 이혼하라고 여러 번 권유받았습니다. 그렇게 했다면 훨씬 더 몸과 마음이 편했을 것입니다. 그러나 그녀는 평생 그렇게 하기를 거부했습니다. 그녀는 그리스도에 대한 믿음을 결코 포기하지 않았습니다. 그녀는 워치만 니에 대한 신뢰를 버리거나 포기하지 않았습니다. 결국 장핀후이는 뇌졸중으로 집에서 쓰러질 때 갈비뼈가 부러졌고 의사도 간호사도 치료해 주지 않는 상하이의 쑨원 기념병원 복도에서 사흘 만에 세상을 떠났습니다. 그것은 그녀가 '반혁명가'였기에, 아무도 감히 그녀를 치료할 엄두를 내지 못했기 때문입니다. 만일 릴리 슈의 책에 담긴 거짓 주장이 사실이라면, 지구상에서 워치만 니를 포기할 이유가 있는 사람이 있다면 바로 장핀후이였을 것입니다. 장핀후이는 그 모든 고통과 아픔과 고난을 피할 수 있었음에도, 하나님과 워치만 니에 대한 신실함을 유지했습니다. 장핀후이가 홍위병의 손에 입은 육체적 상처는 그녀의 믿음과 헌신을 증명하는 영원한 증거가 되었습니다.

워치만 니의 둘째 누나인 니귀전 역시 수년 동안 엄청난 고통을 겪었는데, 특히 나중에 홍위병들이 수시로 집을 뒤져 벽을 부수고 장판을 뜯어내며 밀수품(성경, 찬송가, 금, 현금 등)을 찾아 헤매는 바람에 엄청난 고통을 겪었습니다. 반혁명분자로 낙인찍힌 사람의 아내와 누나로서 그들은 공공의 적 제1호로 취급되었습니다. (공산 정부는) 인민들이 그들을 마음대로 때리고, 침을 뱉고, 발로 차고, 뺨을 때리도록 권장했습니다. 그래서 니귀전이 집 밖 의자에 앉아 있으면 동네의 어머니들이 자신의 아이들에게 가서 니귀전의 뺨을 때리고 반혁명분자라고 비난한 다음 가라고 말할 수 있었습니다. 물론 동네 방범대원은 이를 당과 혁명에 대한 어머니들의 충성심으로 보았고 또 그렇게 보고했습니다. 이 기간 동안 어머니들의 자녀들은 일상적으로 부모를 비난하고 1966년 8월 이후에는 당, 특히 홍위병에 가입하는 것을 선호하면서 부모와의 연을 끊었습니다. 기록된 한 사례에서 장훙빙이라는 이름의 십육 세의 아들은 어머니가 마오쩌둥을 어떻게 반대했는지 이야기했습니다. 그녀는 심지어 집에 걸려 있던 마오쩌둥 초상화를 떼어 내고 불을 붙이기까지 했습니다. 아들과 아버지는 경찰에게 어머니를 신고했습니다. 그녀는 비난을 받고 공개 처형을 당했습니다. 아들은 "어머니, 아버지, 저는 문화대혁명에 삼켜졌습니다."라고 말했습니다(The-Guardian.com, '중국의 문화대혁명' 어머니를 죽음으로 보낸 아들의 죄책감, 2013년 3월 27일).

마오쩌둥 치하와 문화대혁명 기간 동안 반혁명분자라는 낙인은 너무나 만연하고 혐오스러웠기 때문에, 니귀전 같은 '반혁명분자'는 죽은 후에도 제대로 된 장례식이나 추모식이 치러지지 않았습니다. 실제로 장의사는 고인의 화장조차 허용하지 않았습니다. 워치만 니는 화장되기는 했지만 가족이 시신을 보기 전에 가능한 한 서둘러 화장이 마쳐졌습니다. "그것은 진짜 화장터가 아니라 벽돌을 생산하고 시신을 화장하는 두 가지 목적을 가진 노동 수용소 가마였다."(서문, 알곡 중의 알곡, 1권, 워치만 니, 크리스천 펠로우십 출판사, 1992년) 반혁명분자로 분류된 사람들은 일종의 전염병자처럼 취급당했습니다. 니귀전의 화장된 유해는 처음에 중국에 묻혔다가 나중에 제니퍼 린 가족에 의해 발굴되었습니다. 1976년 9월 마오쩌둥이 죽고 문화대혁명이 끝난 후 친척들은 그녀의 유해를 캘리포니아주 글렌데일에 있는 평화롭고 품위 있는 포레스트 잔디 묘지로 이장했습니다.(제니퍼 린이 쓴 '상하이의 믿음(Shanghai Faithful)'은 워치만 니의 누나와 가족에 대해 세심하게 연구하고 잘 쓰인 책이므로 적극 추천합니다. 린은 이 책을 완성하는 데 삼십 년이 걸렸는데 놀라운 책입니다.) 나중에 중국 공산 정부는 장핀후이와 니귀전에 대한 소송과 기소를 그들의 사후에 철회했습니다. 그렇다면 애초에 이 주장을 뒷받침하는 원본 증거는 어디에 있었을까요? 물론 존재하지 않았습니다. 전혀요.

릴리 슈는 모든 면에서 반혁명적인 인물로 낙인찍히기가 쉬웠습니다. 그녀는 반혁명의 모든 요소를 갖추고 있었으니까요. 결국 그녀의 아버지는 국민당이 통치하는 대만으로 '도망자 신세'가 되어 도망쳤습니다. 그녀는 자신이 한탄하는 이혼한 가정 배경으로 인해 결국 중국공산당(CCP)에서 배제된 처지였지만, 다른 많은 사람과 달리 투옥, 고문, 죽음이라는 반혁명적 운명을 어떻게 피할 수 있었는지 묻지 않을 수 없습니다. 논리적으로 말이 안 됩니다. 어떻게 그녀가 의대를 졸업하고 1949년부터 문화대혁명(1966-1976년)까지의 지옥 같은 삶에서 벗어나 자유로운 삶을 누릴 수 있었을까요? 공산당 정부가 릴리 슈에 대해 제기한 혐의는 단 한 건도 없습니다. 정말, 한 건도 없었을까요? 제가 알아냈습니다.

중국어 원본 문서를 조사한 결과, 저는 쉬 페이리(XU Feili)라는 상하이 교회의 또 다른 교인(그가 직접 발표한 증언에 따르면)이 기회가 주어졌을 때 워치만 니를 고발하기를 거부했다는 사실을 발견했습니다. 예상할 수 있듯이, 그는 릴리 슈와는 완전히 다른 결과를 맞았습니다. 릴리 슈와 쉬 페이리는 모두 의대생이었고 둘 다 상하이 모임에 참석했습니다. 쉬 페이리는 1954년에 의과대학에 입학했지만, 1956년에 니를 비난하고 신앙을 버리라는 말을 들었을 때 이를 거부했습니다. 릴리 슈와 달리 그는 1956년 체포되어 '반혁명분자'로 분류되어 1958년에 삼 년 노역형을 선고받고 십팔 년 동안 복역했습니다! 한 명은 비난을 받았고, 한 명은 비난을 받지 않았습니다. 보시다시피, 릴리 슈는 반혁명 가문 출신이라는 오명에도 불구하고 의대를 졸업할 수 있었지만, 쉬 페이리는 이십일 년간 고된 노동에 시달렸고, 당연히 의사가 될 수 있다는 희망도 완전히 상실했습니다. 반면에 릴리 슈는 문화대혁명을 거의 무사히 통과할 수 있었고(전례가 없는 일입니다), 결국 1981년 중국을 떠나 미국으로 건너가 삼십 년 동안 자신을 버린 아버지를 만났으며(이 아버지가 아마도 그녀의 분노가 워치만 니를 향해 전

이되게 한 가장 큰 원인이었을 것임), 자유와 민주주의 아래서 삶을 즐기며 의사 생활을 이어 갔습니다. 그녀는 제국주의 국가로서의 미국을 증오했고, 특히 미국이 한국전쟁에서 패배하도록 공개적으로 촉구한 사람이었습니다(해방일보, 상하이, 1956년 2월 2일). 얼마나 이율배반적 사람입니까? 그녀는 이렇게 말했습니다. "마오쩌둥 주석을 찬양하는 노래를 들었을 때, 나는 지도자에 대한 인민들의 열렬한 애정을 깊이 느꼈고, 내가 새로운 중국에 사는 것이 얼마나 행복한 일인지를 느꼈습니다."(톈펑 매거진, 웨이쩐 기자 인터뷰, 1956년 2월 7일)

중국어 자료에는 워치만 니의 인격과 진리에 대한 통찰력을 알려 주는 상하이의 형제자매들의 목격자 간증이 많이 있습니다. 분명히 로버츠는 그들과 대화하지 않았거나 매우 선택적으로 했을 것입니다. 왜냐하면 워치만 니 가족(그레이스 니(Grace E. NEE), 스티븐 챈(Stephen C.T. CHAN))을 포함하여 수백 페이지에 달하는, 심지어 책으로 출판된 목격자들의 증언이 릴리 슈의 거짓된 비난을 반박하고 있기 때문입니다.

워치만 니와 상하이 교회 성도들은 엄청난 고통을 겪었습니다. 릴리 슈는 자신이 본 부적절한 사진을 '증거'로 제시했습니다. 그러나 워치만 니에 대한 거짓 전시회를 목격한 상하이 모임의 형제들은 다른 기독교 지도자들을 비난하는 공개 전시회에서도 똑같은 사진이 사용되었다고 증언합니다. 약 삼천 명의 상하이 총회 회원들은 자의가 아니라 명령에 따라 전시회에 참석했습니다. 사실 사진에 묘사된 여성들은 목 아래를 촬영했기 때문에 머리가 안 보였고, 릴리 슈나 다른 누구도 신원을 확인할 수 없었습니다. 말도 안 되는 이야기입니다. 제니퍼 린은 〈상하이의 믿음(Shanghai Faithful)〉에서 이렇게 지적합니다. "워치만 니는 정부의 통제를 벗어난 존재가 되었다. … 공산당 당국은 그를 사람들의 종교적 생각뿐 아니라 정치적 신념까지 조종할 수 있는 사람으로 여겼다. 그는 견제해야 할 위협이었다."(180쪽)

당시 유일한 중국 공산당원이었던 미국인 시드니 리튼버그(Sidney Rittenberg)는 마오쩌둥을 '위대한 영웅과 위대한 범죄자가 하나로 합쳐진 인물'이라고 지적합니다. 그는 수십 년 동안 중국을 후퇴시킨 완전히 통제 불능의 천재였다고 말했습니다. "원숭이에게 교훈을 주기 위해 닭을 죽인다."라는 잘 알려진 그의 전술은 사람들을 줄 세우기 위해 일상적으로 실행되었습니다. 워치만 니를 비롯한 다른 사람들에 대한 소위 증거의 목표는 항상 타깃, 여기서는 워치만 니를 비난하고 그를 악취 나는 사람으로 만드는 것이었습니다. 리튼버그는 "나는 무고하고 선량한 사람들을 희생시키는 데 가담했다. … 그것은 제도화된 괴롭힘과 희생양 만들기였다."라고 말했습니다(2019년 8월 24일자 '뉴욕 타임즈' 부고 기사, 로버트 D. 맥패든의 글). 그렇다면 홍위병에게 일상적으로 집에서 끌려가 개구리 행진을 당하고, 공공장소에서 머리가 잘리고, 모욕을 당하고, 비난을 받고, 매춘부 복장을 하고, 서양식 패션을 좋아한다는 이유로 공격당하거나 살해당한 많은 여고 교사들에 대한 소위 '증거'를 보고 실제로 그들이 매춘부였다고 믿어도 될까요?

릴리 슈의 거짓 증언으로 인해 간접적으로 괴롭힘을 당하고, 투옥되고, 목숨을 잃은 많은 기독교인들이 진정한 피해자입니다. 릴리 슈와 로버츠는 순진한 사람과 어리석은 사람이라는 두 부류의 독자만 있다고 생각하는 것 같습니다.

부록 3

릴리 슈의 책에 대한
또 다른 후기들

부록 3
릴리 슈의 책에 대한 또 다른 후기들

논란의 여지가 있는 '기억들'
글쓴이: AZ Fam

2020년 1월 15일에 미국에서 쓴 후기임. 기존 후기를 업데이트했음. 별 4개에서 1개로 등급을 변경했음.

"또한 우리는 하나님을 사랑하는 사람들, 곧 그분의 목적에 따라 부름받은 사람들에게는 모든 것이 협력함으로써 선이 이루어진다는 것을 압니다." 이 책도 예외는 아닙니다. 워치만 니의 삶과 저술에 큰 영향을 받았고, 심지어 그의 동료 일꾼들을 알고 그들에게서 가르침을 받았던 우리에게는 이 책이 주님의 은혜와 사랑을 더 깊이 발견할 수 있게 하는 기회입니다. 우리는 다윗처럼 개인적으로 기도할 수 있는 특권이 있습니다. "오, 하나님! 저를 살피시고 제 마음을 알아주십시오. 저를 시험하시고 제 근심을 알아주십시오. 제게 무슨 해로운 길이 있는지 보시고 저를 영원한 길로 인도하여 주십시오."

이것은 예수님 앞에 마음을 열고 그분께 더 가까이 다가갈 수 있게 해 주는 기회입니다. 그래서 제 삶에서 제가 뛰어나다고 여긴 것이 실은 제 안에 있는 예수님의 생명이 아니라 저의 종교적 열심에 불과했다는 것을 보는 데 도움이 되었습니다. 이 점에 대해 릴리 슈와 다나 로버츠의 솔직한 이야기에 감사드립니다.

그러나 워치만 니의 개인적인 평판은 제쳐 두고라도, 이 책은 모든 증인이 사라진 지금, 계속 수행되고 있는 워치만 니의 문서 사역에 특히 해를 끼치고 있습니다. 이 증언의 진실을 어떻게 알 수 있을까요? 주어진 증거는 1956년 상하이에서 열린 워치만 니의 가면을 벗기는 공개 행사에서 마오쩌둥 선전부가 전시한 것을 근거로 합니다.

릴리 슈 박사는 마오쩌둥 선전부가 워치만 니에 대해 자신에게 말해 준 것은 모두 믿었지만, 워치만 니의 아내 장핀후이나 누나 니귀전의 그 말은 믿지 않았습니다.

스티븐 라바스코가 아마존에 올린 리뷰에서 아주 좋은 참고 문헌을 추천했습니다. 워치만 니의 누나인 니귀전의 손녀인 제니퍼 린이 쓴 〈상하이의 믿음(Shanghai Faithful)〉은 그녀가 세심하게 조사한 책입니다. 그녀는 경험 많은 저널리스트이기 때문에, 그녀가 쓴 책에는 사실만 담겨 있고, 열정은 거의 없으며, 눈에 띄는 편견도 없습니다.(이 책은 또한 사회주의 공산주의에 의한 국가 점령과 그 여파에 대한 매우 흥미로운 연구이기도 합니다.) '이야기의 다른 측면'의 일부를 추천합니다.

〈나의 잊을 수 없는 기억들〉의 증거는 신뢰할 수 없는 출처에서 비롯되었을 뿐만 아니라, 같은 사실을 단절된 방식으로 계속해서 반복하기 때문에 황색 저널리즘의 냄새를 풍깁니다.

이러한 이유로 저는 독자들에게 이러한 책을 하나님께서 이 사람(워치만 니)의 삶에서 얻으신 선과 비교하여 신중하게 평가할 것을 경고합니다. 따지고 들면 누가 견딜 수 있겠습니까? 우리 삶의 한 장에는 우리가 지워 버리고 싶은 기억이 있지만, 감사하게도 그분의 아들의 희생으로 인해 그 기억은 하나님의 마음에서 영원히 지워졌습니다. 그리스도인이라 하는 어떤 이가 아무 방어 수단 없는 다른 그리스도인의 명예를 공개적으로 훼손하는 것은 참으로 슬픈 일입니다.

신뢰할 수 없는 출처를 사용함

글쓴이: Mystic John

2021년 5월 29일에 미국에서 쓰인 후기임. 별 5개 중 1개.

이 책에는 워치만 니를 공부하는 데 도움이 될 많은 요점이 포함되어 있습니다. 저자는 워치만 니에 대한 (중국 공산) 정부의 입증되지 않은 비난에 의존한 것 같습니다. 오십오 년 이상 워치만 니의 사역과 삶을 연구한 저로서는 이 책에 포함된 내용 중 많은 부분에 동의할 수 없습니다. 분별력 없이 이 책을 읽는다면, 1950년대에 워치만 니를 비난했던 사람들의 주장에 오도되고 동조하게 될 것입니다.

끔찍한 책

글쓴이: 아드리안 카라시우크

2014년 5월 17일에 미국에서 쓰인 후기임. 별 5개 중 1개.

끔찍한 책. 나는 모든 사람에게 이 책을 읽지 말 것을 권합니다. 온갖 종류의 사실이 아닌 것들이 이 책 안에 있습니다. 악의적인 어조! 나는 이 책을 우편으로 받아서 페이지를 빨리 넘기면서 읽은 후에, 곧바로 쓰레기통에 던져 버렸습니다. 나는 진정한 하나님의 사람에 대한 소중한 추억을 읽을 수 있기를 바랐지만, 내가 읽은 내용은 나를 극도로 실망시켰습니다.

불행한 출판물

글쓴이: TE

2013년 6월 26일 미국에서 쓰인 후기임. 별 5개 중 1개.

릴리 슈의 〈나의 잊을 수 없는 기억들〉은 여러 가지 이유로 읽기 어려운 이상하고 형편없는 회고록입니다. 언어 문제는 다른 후기에서 다루었으므로 여기에서 다시 언급하지 않겠습니다. 제가 우려하는 것은 워치만 니에 대한 저자의 복수심, 공산주의자들이 그에게 씌운 성추행 혐의를 기꺼이 믿으려는 의지, (릴리 슈가) 워치만 니의 고발자 중 한 명이 되어 워치만 니를 처음 공격한 지 육십여 년이 지난 후에 다시 공격을 재개해야만 하는 그녀의 곤란한 필요성입니다.

안타깝게도 릴리 슈의 주장은 비열하고 자기 정당화를 위한 것입니다. 그녀는 워치만 니의 인격과 그리스도인으로서의 간증을 가차 없이 공격하고, 종종 악의적인 표현으로 공격합니다. 또한 그녀는 동료 그리스도인인 워치만 니를 악한 정부 앞에서 고발하고 그 후 이십사 년 동안 하나님을 외면한 것에 대해 자주 스스로를 책망합니다. 그러나 그녀는 이러한 불편한 부분들에서는 자신을 비난하면서도 자신의 실패에 대한 책임을 워치만 니에게 돌리고 그를 희생양으로 삼아 죄책감을 덜려고 합니다. 그녀는 집착과 갈등을 동시에 가지고 있는 것처럼 보입니다.

자기 아버지의 도덕적 실패를 아무런 거리낌 없이 대중 앞에서 이야기하는 것이 흥미롭습니다. 그 자체로는 마음이 편치 않습니다. 그러나 아버지의 불륜과 가족을 버린 것에 대해 아는 것은 (그녀가) 통찰력이 있음을 증명합니다. 그것은 그녀가 이미 아버지의 신실하지 못함 때문에 상처를 받아 온 것이 그녀를 워치만 니에 대한 공산주의자들의 비난을 믿는 쪽으로 기울어지게 한 것은 아닌가 하는 의심을 갖게 합니다. 그렇지 않다면, 공산주의자들이 다른 기독교인들을 유죄판결 하려고 그들에 대한 '증거'를 조작했다는 사실은 금방 알아차리면서, 자신이 그토록 많은 영적 도움을 받았다고 주장하는 사역자에 대한 '증거'는 왜 그렇게 빨리 인정했을까요? 이처럼 릴리 슈가 이 책에서 이야기하는 것들에 대한 그녀의 처신은 종종 비합리적이고 일관성이 없습니다.

이 책에서 비판을 받는 남성 인물은 워치만 니와 그녀의 아버지뿐만이 아닙니다. 릴리 슈의 두 명의 전남편의 성격과 결점도 폭로되었습니다. 여기서도 거듭 그녀는 실패한 결혼 생활에 대해 자신을 탓하면서도 자신의 남편이 '괴팍하고 교만하며 고집불통'이라고 말하면서 감정선이 왔다 갔다 합니다. 또 다른 남편은 미친 사람으로 묘사됩니다. 한편으로 저는 릴리 슈가 공산당 치하였던 중국에서 힘든 삶을 살았고 결혼 생활도 자신이 묘사한 것처럼 그 시대의 희생양이었다는 것을 의심하지 않습니다. 다른 한편으로, 잠재적 독자들은 워치만 니에 대한 그녀의 증언이 신뢰할 수 있는지 여부에 대해 진지하게 의문을 제기해야 합니다. 그녀가 책을 저술한 명백한 동기가 오랫동안 그녀를 괴롭혀 온 자기 실수에 대한 책임을 면하기 위한 것일 수 있기 때문입니다.

일반인들은 저자의 자비량 출판을 돕는 전문 기독교 단체인 Xulon 출판사가 왜 기독교 대중의 신뢰성을 손상하기만 하는 이런 책을 홍보하려고 자원을 낭비하는지 의아해할 수 있습니다. 워치만 니에 관심이 있는 독자들은 이 불행한 출판물을 피하는 것이 좋을 것입니다.

거짓말이 가득함
글쓴이: *Matthew*

2014년 3월 18일에 미국에서 쓰인 후기임. 별 5개 중 0개.

이 저자는 1956년에 워치만 니를 고소했던 사람입니다. (가룟) 유다의 행동인, 이 저자가 1956년에 발표했던 성명서를 참고하세요. jesus.bbs.net/bbs/0003/3231.html(중국어로만 쓰였고, 누군가 이것을 번역하기를 바람). 다른 신실한 그리스도인들이 박해 아래 있던 1950년대부터 1970년대까지 릴리 슈는 자신의 안락한 생활을 사기 위해 주님을 부인하고 주님 안의 형제를 팔았습니다. 그녀는 오십 년 이상 똑같은 일을 했습니다! "해 아래 새것이 없습니다."

참고: 이 책에 대한 아마존 후기 중에서는 일부 긍정적으로 언급한 것도 있습니다. 그러나 그 후기들의 대부분은 릴리 슈가 의존한 중국 공산당이 제공한 자료들이 사실이라는 가정 아래 쓰인 것이므로 여기서는 소개하지 않기로 했습니다. 궁금하신 분들은 직접 확인하시기 바랍니다.

부록 4

릴리 슈가 거짓 주장한
두 여자 동역자들

부록 4
릴리 슈가 거짓 주장한 두 여자 동역자들

릴리 슈는 두 여자 동역자인 먀오원춘, 장치녠이 1920년대 중후반(릴리 슈는 이 시점에 대해서도 계속 말을 바꿈)에 워치만 니의 불미스러운 일의 희생자들이라고 거짓 주장을 합니다. 그러나 아래 자료는 그로부터 수십 년이 지난 1950년에도 여전히 변함없는 워치만 니의 신실한 동역자로서 동역하고 있음을 보여 주고 있습니다.

부득불 드리는 몇 마디 말씀

근래 외부의 어떤 간행물은 우리의 증거를 책망하며 우리의 동역자 워치만 니 형제님을 공격합니다. 우리는 이러한 간행물에 대하여 계속 침묵하는 태도를 취하며 변론하기를 원치 않았습니다. 이것은 우리가 한 면으로 주님 앞에서 공과를 배우기 원했기 때문이고, 다른 한 면으로 주님 자신이 우리를 대신하여 증명해 주시기를 바랐기 때문입니다. 결과적으로 장래 그리스도의 심판대 앞에서 각 사람의 마음의 품은 뜻이 다 드러날 것입니다. 다만 주님께서 우리를 긍휼히 여기셔서 우리가 기꺼이 그분을 경외하게 하시기를 바랍니다. 그러나 니 형제님 개인에 대하여 우리가 주님 앞에서 한마음으로 간증할 수 있는 것은, 그는 하나님의 충성스러운 종이라는 것입니다. 비록 그가 어떤 사업을 경영했었지만, 그의 목적은 결코 그의 개인적인 무엇을 위한 것이 아니었습니다. 진리에 있어서, 봉사에 있어서, 사업의 경영에 있어서 우리는 모두 그와 한마음 한뜻입니다. 특별히 이를 관심하는 우리의 형제자매들에게 알려 드리며 여러분이 우리를 위하여 기도해 주시기를 바랍니다.

1950년 10월 22일

탕서우린, 두중천, 먀오윈춘, 위청화, 허달미, 리위안루,
장광룽, 주 천, 왕페이전, 장서우다오, 장위즈, 장치녠 드림
(워치만 니 전집, 개정판, 55권,
복간 열린 문(1), 22기, 337–338쪽)

리위안루(李淵如, 이연여) 자매의
워치만 니에 대한 회개

리위안루(李淵如, 이연여) 자매의
워치만 니에 대한 회개

릴리 슈는 자신의 책에서 리위안루 자매가 워치만 니의 부도덕한 일 때문에 워치만 니를 비판하고 반대했다고 거짓 증언을 합니다. 그러나 아래의 자료는 리위안루(李淵如) 자매가 워치만 니에 대해 잠시 반대했던 것은 그 사건과는 무관하고 워치만 니의 제약회사 경영이 주된 이유였음을 본인 입으로 증언하고 있습니다.

동역자 집회에서
리위안루 자매님의 교통과 간증

시간: 1948년 4월 21일 수요일 오전 6시 30분
장소: 상하이 하퉁로
내용: 동역자들의 간증과 질문, 워치만 니 형제님의 권면

리위안루 자매님의 교통과 간증

나는 내가 말하고자 하는 것에 관해 사전에 다른 형제님들의 허락을 구했다. 그것은 약 십삼 년 전에 발생한 일이다. 내가 비록 최근 몇 년 동안 소극적이었지만, 여전히 형제님들에게서 오는 공급이 있었다. 주 형제님이 나에게 만 원을 주었고, 장쯔제 형제님이 칭다오에서 왔을 때 몇천 원을 주었다. 그때부터 나는 내가 받은 것에서 일정 금액을 따로 떼어 놓기로 결심했다. 나는 시골에서 돌아왔을 때, 교회 안에 백발이 된 사람들이 더 많아진 것을 보았다. 그 다음 번에 돌아왔을 때는 백발이 된 사람들이 훨씬 더 많았다. 자매들은 저축한 모든 것을 다 내놓았고, 어떤 자매는 집에 돌아갈 수 없어서 병원에 머물러야 했다. 나의 얼마 안 되는 돈은 줄어들 뿐 더 많아지지는 않을 것이다. 내가 가진 돈은 고작 한 달 동안 한 사람의 식사를 접대할 수 있을 뿐이고, 다음 달이면 바닥날 것이다. 내가 바닥에서 잠을 자고 침대를 다른 사람들에게 주는 것은 상관없지만, 이렇게 하면 그들이 불편해할 것이다. 우리가 다른 사람들의 쉴 곳을 마련해 주어야 한다면, 그것은 그들이 편히 쉴 수 있는 곳이라야 한다. 나는 어떻게든 자기 집과 같은 곳, 즉 사람들이 살기에 부끄러워하거나 부담스러워하지 않으면서도 집회소와 인접한 곳을 얻어야 한다고 느꼈다. 그렇게 해야만 그러한 곳에서 사람들은 어떤 영적인 도움을 받을 수 있을 것이다. 사람이 늙게 되면, 자신의 특이한 기질이 발전하는 경향이 있다. 사람들은 함께 사는 것이 교통을 가져온다고 말하지만, 사실은 불만을 가져온다. 이 때문에 나는 성도들을 접대할 수 있는 장소가 있기를 줄곧 소망해 왔다. 위트니스 리 형제님이, 어쩌면 옌타이에서 나를 위해 한 곳을 마련해 줄 수 있을 것이라고 말했다.

오늘 나는 니 형제님에게 과거 나의 태도와 말을 용서해 줄 것을 부탁한다. 나는 또한 책임 형제님들에게 과거 나의 태도와 말을 용서해 줄 것을 부탁한다. 나는 니 형제님이 사업에 뛰어든 것에 대하여 공감했었다. 제약 공장과 관련하여 나는 너무나 많은 말을 들었고, 그러한 말들은 나를 화나게 했다. 결국 이러한 화가 다 니 형제님에게 쏟아졌다. 니 형제님은 "권세를 가진 사람은 불을 지르는 것도 허용이 되지만, 일반 백성은 등불을 켜는 것조차도 허용되지 않습니다."*라고 말했다. 나는 니 형제님이 아니므로, 많은 일에서 그를 위해 말할 수가 없다. 다른 사람들이 니 형제님이 틀렸다고 말할 때, 내가 어떻게 그러한 말들을 받아들일 수 있었겠는가? 나는 니 형제님을 지목하여 책망할 수 없었다. 결과적으로 나는 다른 책임 형제님들을 책망하기 시작했다. 그러나 그들이 이미 이것(제약 사업)을 하나님의 뜻이라고 말했는데, 내가 어떻게 다른 형제자매들을 막을 수 있었겠는가? 하지만 다른 사람들이 나에게 왔을 때, 그들은 신경 쇠약에 이를 정도로 괴로워했고, 따라서 나는 그들을 동정하지 않을 수 없었다. 내가 오늘 신경 쇠약에 걸리지 않은 것은 하나님의 은혜이다. 설령 구십구 퍼센트의 책임이 다른 사람들에게 있다 하더라도, 여전히 나에게 일 퍼센트의 책임이 있다. 사실, 그보다 더 많은 책임이 나에게 있다고 말하지 않을 수 없다.

---

* 통치자들은 자기 마음대로 할 수 있지만 일반인들은 정당한 말과 행위에도 제약을 받는다는 것을 의미하는 중국어 관용구로서, 니 형제님이 사업에 뛰어든 것이 비난받는 것을 가리켜 말한 것임

한때 어떤 사람들은 <정상적인 그리스도인의 교회생활>이라는 책을 비판하면서 나에게 니 형제님에 관해 무언가 나쁜 점을 말해 달라고 요청했다. 사람들은 나를 도구로 삼아서 니 형제님을 반대하려고 했다.

제약 공장에 대해 나는 사람들에게 그곳을 '한담 센터'라고 말했다. 나는 그 사업에 대해 좋은 마음을 갖지 못했고, 니 형제님에 대해서도 좋은 태도를 갖지 못했다. 나는 어떤 것도 비난한 적이 없다고 말하지 못한다. 내 마음을 상하게 한 것들이 분명히 있었다. 어떤 사람이 제약 공장과 연루되기만 하면, 사람들의 영적 상태가 주저앉고 말았다. 만일 이 며칠 동안 일어난 일이 그때 일어났었더라면, 이러한 말은 할 필요가 없을 것이다.

나는 오늘 내가 흘리는 눈물이 나의 마지막 눈물이 되기를 바란다. 내가 어느 날 세상을 떠나고 다른 사람들이 내 옷장을 열어 볼 때, 그것이 비어 있는 것을 발견하기를 바란다. 만일 내 옷장이 가득 차 있다면, 그것은 나의 부끄러움일 것이다. 나는 부(富)를 선택하는 것보다 가난을 선택하는 것이 더 좋은 것임을 확실히 안다. 이 몇 년 동안 나에게는 내가 가진 모든 것을 팔 생각이 있었다. 때때로 나는 나 자신의 물건을 식별하지 못한다. 다른 사람들은 언제나 나에게 자신을 위해 무언가를 사도록 권하지만, 나는 언제나 이런저런 핑계를 댄다. 나는 자신을 위해서는 물건을 거의 사지 않는다. 외투를 산 것은 세 사람이 문자 그대로 나를 가게로 떠밀고 가서 산 것이다. 나는 나 자신의 옷에 그다지 신경을 쓰지 않는다. 나는 물건을 옷장 안에 넣어 두고서 나 자신을 위해 그것을 간직하지 않는다. 나에게는 현금 천 원도 내놓을 것이 없으며, 단 한 조각의 금궤도 없다. 나는 양심으로부터 내가 가진 모든 것이 다 값어치 없는 것임을 간증할 수 있다. 내가 가진 것은 모두 나 자신에게 필요한 것뿐이다. 물론 나는 내가 가진 쌀과 기름을 다 넘겨줄 수 있고, 나의 마지막 동전까지도 교회에 줄 수 있다.

지난번에 교회가 집회소 부지를 사자고 제안했을 때, 어떤 사람들은 다른 사람들을 비난하고 있었고, 나머지는 말 그대로 뒤에 앉아서 관망하고 있었다. 그때는 이십 개의 금궤면 일을 처리할 수 있었다. 그러나 우리는 기다리고 또 기다렸고, 여전히 모든 사람이 앉아서 관망하고 있었다. 이것 때문에 우리는 아무것도 이루지 못했다. 이것은 잘못된 것이다. 오늘 각자가 다 자신을 넘겨드린다면, 다음 일은 교회의 책임이다. 오늘 나는 부득불 이렇게 나 자신을 연다. 나는 여기서 말을 멈추겠다.

워치만 니 형제님의 답변:

전쟁 이후에 제약 공장은 팔십만 달러의 가치가 있었습니다. 작년에 그것은 겨우 사십만 달러의 가치밖에 되지 않았습니다. 금년에는 백이십만 달러의 가치가 있습니다. 그러나 우리는 다른 사람들에게 칠십만 달러를 빚지고 있습니다. 내년에는 어떤 일이 일어날지 모르겠습니다.

우리가 자오(趙) 부인에게서 땅을 사려고 했을 때, 몇몇 사람들이 모든 것을 팔아서 자신들이 가진 모든 것을 헌금했습니다. 나는 그 돈이 피 같은 돈이라는 느낌이 있었습니다. 첫 번째와 두 번째 광고를 한 후에, 나는 감히 더 이상 광고를 할 수 없었습니다. 그것은 헌금하는 사람들이 다 중산층 혹은 그 이하의 성도들이었기 때문입니다. 돈이 있고 마땅히 헌금했어야 할 사람들은 좀처럼 움직이지 않았습니다.

그 첫 번째 실패 후에, 나는 감히 다른 사람들에게 헌금에 대해 다시 요청하지 못했습니다. 나는 다른 사람들에게, 우리가 집회소를 지어야 한다면 내가 직접 그 일을 하겠다고 말했습니다. 리위안루 자매님은 내가 해야 할 많은 일을 돌보지 않고 사업하러 간 것과 관련하여, 아마도 나에 대해 어느 정도 불만이 있었을 것입니다. 그러나 일이 잘 수행되기 위해서는, 자신을 희생하는 사람들이 있어야 합니다. 나는 오늘 여러분에게 이 말을 할 수 있습니다. "나는 나의 일을 해 왔고, 또한 나 자신을 희생해 왔습니다." 오늘날 나는 일 안에서 책임을 함께 지고 있는 사람들 중 한 명이며, 또한 직업을 가지고 있는 사람들 중 한 명이기도 합니다. 나는 둔감한 사람이 아닙니다. 여러분이 사업을 하는 데는 부끄러운 느낌이 없지만, 내가 사업을 하는 데는 부끄러운 느낌이 있습니다. 나는 이 문제와 관련하여 어떤 사람들은 나에 관해 무언가 할 말이 있다는 것을 압니다. 또한 어떤 사람들이 나에게 와서 묻기도 할 것임을 알고 있습니다. 그러나 나는 길에서 만나는 사람이 인사도 하지 않는 그러한 부끄러움을 무릅쓰고 있었습니다. 나는 '재혼하는' 과부처럼 부끄러움을 당할 것을 무릅쓰고 있었습니다. 나는 자녀들은 떠나가고 죽은 아이만 팔에 안은 채 홀로 남겨져서 자신이 어찌하여 그러한 일을 했는지 스스로에게 묻는 과부와 같습니다. 팔 년 동안 나는 얼굴을 들고 형제자매들의 눈을 쳐다볼 수 없었습니다. 오늘 여러분에게 이 한마디, "여러분 자신을 바치십시오."라는 말을 할 권리가 나에게 없습니까? 여러분은 왜 여러분 자신을 바치려고 하지 않습니까? 오늘날은 직업을 가진 모든 형제자매들이 자신을 바쳐야 할 때입니다.(워치만 니 사역 재개 메시지 기록(하), 개정판, 57장, 166-169, 171-173쪽)

부록 6

유동근, 그는 형제인가,
목사인가, 박사인가?

유동근, 그는 형제인가, 목사인가, 박사인가?

형제

자신을 남에게 소개하는 어떤 지위나 호칭에는 그의 정체성이 담겨 있습니다. 유동근 목사가 소위 지방 교회라는 곳에 이십 년 이상 몸담고 있을 때는 누구나 그를 유동근 형제(님)라고 불렀습니다. 본인도 이런 호칭에 대해 그때는 어떤 이의도 제기하지 않았습니다. 자신도 형제자매라는 호칭이 성경에 따른 실행임을 잘 알았기 때문일 것입니다.

그런데 그 후 유 목사는 한 무리의 성도들과 함께 지방 교회를 나가서 자기 사역을 하는 동안, 형제가 아닌 목사로 불리기를 원했다고 합니다. 아무튼 그가 목사로 불리기를 원했다면, 교계가 인정할 수 있는 목사가 되는 정상적인 절차를 이수하는 것이 바람직합니다. 그런데 유동근 목사가 M.Div(Master of Divinity) 과정을 마쳤다고 인터넷에 소개한 미국의 캘리포니아 유니온신학교는 수업을 안 받아도 학위를 주는, 소위 돈 받고 학위 장사를 해 오던 학교입니다. 이런 사실이 연방이민세관단속국(ICE)과 FBI 조사로 드러나 학장이 중범죄로 형사 입건되었고, 결국 그 학교는 2009년에 폐교되었습니다. 이것이 제가 유동근 목사가 목사 안수 받은 근거에 대한 객관적인 검증이 필요하다고 생각한 이유입니다.

유동근 목사는 또한 여러 유튜브에서 자신이 박사 학위 소유자인 Ph-D라고 자막으로 적고 있습니다. 그러나 앞으로 자세히 밝히겠지만, 그는 신학 석사 혹은 박사 학위 공부를 위해 미국에 유학한 사실 자체가 없습니다. 이 점은 그의 가족과 소속 교회 성도들이 더 잘 알 것입니다. 그렇다면 그가 어떤 경로로 미국 신학교에서 최고 권위를 인정받는 철학 박사(PhD)가 되었다는 말인지 이 역시 검증이 필요합니다. 만일 유 목사가 제대로 된 과정을 거치지 않았으면서 목사 혹은 박사를 사칭한다면, 이것은 매우 심각한 문제입니다.

참고로 제가 이 글을 쓰는 목적은 유동근 목사가 미국에 유학한 적이 없으면서 미국 신학교에서 신학 석사와 박사 학위를 받았다면, 언제, 어디서, 어떻게 받았다는 것인지 그 자세한 경위를 밝히고 정부에 등록된 자신의 철학 박사 논문도 공개해 줄 것을 촉구하기 위한 것입니다. 그렇게 하는 것이 유동근 목사 본인에게도 도움이 될 것입니다. 만일 부득이한 사정으로 목사와 철학 박사를 사칭했다면, 지금이라도 솔직히 시인하고 공개 사과하는 것이 양심 있는 신앙인의 자세일 것입니다.

유동근 목사는 '형제'라는 호칭이 부끄러운가?

오늘날 한국 교계에는 목사, 전도사, 장로, 집사라는 직분이 교회 안에서 상대방을 부르는 호칭이 되었습니다. 또한 '형제'(혹은 자매)라는 호칭은 아직 직분을 받지 못한 사람들, 비교적 젊은 독신 성도들을 부를 때 많이 사용되는 것으로 보입니다. 이런 배경 때문에 유동근 목사가 자신을 형제라고 부르지 말고 목사라고 부르라고 했다는 소문이 나온 것으로 보입니다.

그러나 한 가지 분명한 사실은 유동근 목사의 아들이 담임 목사이고 자신이 원로 목사로 있는 경기도 부천시 소재 '온누리선교교회'(https://cafe.naver.com/dodreamtv/278) 성도들은 유동근 목사를 결코 '형제'라고 부를 수 없다는 점입니다.

유동근 목사는 어떤 일로 자기가 개척한 교회를 떠난 성도들이 자신이 만든 유튜브에 비판적인 댓글을 달자, "주님의 눈동자같이 사랑하는 교회를, 또한 하나님의 교회를 세운 종을 함부로 비방하는 것은 죄"라고 말합니다. 자신은 특별한 세움을 받은 종, 즉 성직자라는 전제가 있는 말입니다. 또한 그는 여러 유튜브에서 늘 자신은 '원로 목사'로, 아내는 '사모'로, 자신의 아들은 '담임 목사'로 호칭합니다. 이런 분위기에서 그의 성도들이 소위 원로 목사를 직분도 없는 평신도의 의미인 '형제'라고 부르기 어려울 것이라는 점은 충분히 예상할 수 있습니다.

그러나 이런 유동근 목사 혹은 한국 교계의 실행과 달리, 성경에서 '형제'(자매)는 매우 심오한 의미가 담긴 영광스러운 호칭입니다 (야고보서에는 14회 정도 사용됨). 참고로 주님 자신도 믿는 이들을 형제들이라고 부르는 것을 부끄러워하지 않으셨다고 다음과 같이 말씀하셨습니다.

"거룩하게 하시는 분과 거룩하게 되고 있는 사람들이 모두 한 분에게서 났으므로, 예수님께서 그들을 형제들이라 부르시기를 부끄러워하지 않으시고, '내가 주님의 이름을 내 형제들에게 선포하며, 내가 교회 가운데서 주님을 찬양하는 노래를 부르겠습니다.'라고 말씀하셨으며"(히 2:11-12).

맏아들이신 주님은 죽은 사람들 가운데서 부활하신 후에 아버지의 많은 아들들과 함께 모였을 때(요 20:17, 19-23), 아버지의 이름을 형제들에게 선포하셨습니다.

또한 우리는 주님께서 '많은 형제들 가운데서 맏아들이 되게 하시려고' '그분의 아들의 형상과 같은 형상을 이루어 가고' 있는 중입니다(롬 8:29). 이것은 창세전에 예정된 것으로서, 신약의 대표적인 사도인 바울의 사역의 핵심 내용이기도 합니다(갈 4:19).

그럼에도 유동근 목사가 이러한 '형제'라는 존귀한 호칭을 버리고 '목사'로 불리기를 바란다는 것은 하나님의 신약 경륜의 이상을 보지 못했거나, 초기에 보았던 이상을 버리고 교파로 물러가서 시류에 편승한 불가피한 결과일 수 있습니다. 그 어느 경우이든 매우 애석한 일입니다.

목사

일반 기독교에서 제대로 된 목사가 되려면 적지 않은 세월의 교육 과정과 절차를 거쳐야 합니다. 필수 조건은 사 년제 대학을 마친 후에 삼 년의 신학대학원을 졸업하는 것입니다. 물론 그 후에도 강도사 혹은 전임 전도사 등의 과정을 거쳐야 하지만, 최소한 M.Div 과정인 신학대학원 삼 년 졸업은 목사가 되기 위한 필수 조건입니다. 만일 교단이 다른 곳에서 목사가 되려면 해당 교단 소속 신학교에서 편목 과정 일 년을 더 다녀야 합니다. 그런데 만일 누가 이런 정상적인 절차 없이 목사가 되었다면, 그는 통상적인 목사로 보기가 어렵습니다.

한편 유동근 목사는 이십 년이 넘는 지방 교회 측 생활을 접고, 2000년 10월에 자신을 따르는 일부와 따로 나가 교회를 개척했습니다. 그 후 그는 언제부턴가 형제가 아닌 목사로 처신하기 시작했습니다. 그렇다면 그는 어디서 목사가 되는 요건인 위 신학대학원 과정을 거친 걸까요? 놀랍게도 그는 〈성경 강해 시리즈— 골로새서, 빌레몬서〉 등의 (1) 저자 소개에서 자신이 미국 캘리포니아주 플러턴 소재 California Union Uiversity(캘리포니아주 유니온신학교)에서 M.Div 과정을 했다고 주장합니다. 이 점은 인터넷 사이트에서 직접 확인이 가능합니다(https://www.jh1004.com/malls.go?pCode=10102030854). 이 외에도 (2) GOOD TV(기독교복음방송) 설교자 소개(자료 확보 중)와 (3) 관심 작가 프로필(자료 확보 중) (4) 교보문고 인물 소개(유동근 Testimony Yu) 등에서도 같은 내용이 실려 있습니다.

그렇다면 그는 한국에서 서울 역촌동-봉천동-경기도 곤지암-충북 청원-대전-서울 전원 떡집 2층 등의 여러 곳을 전전하며 소위 개척 교회를 꾸려 나가기도 벅찰 때에 어떻게 한국도 아닌 미국의 신학대학원 석사 과정을 졸업할 수 있었을까요? 이런 의문은 아래 기사를 보면 금방 풀립니다.

http://www.koreatimes.com/article/567561(캘리포니아주 유니온신학교 오재조 목사 사기 혐의 체포)
http://www.christiantoday.us/16591 (유니온신학대 오재조 목사 사기 혐의 기소)

위 기사에 따르면, 유동근 목사가 졸업했다는 "유니온신학교는 지난 1999년부터 한국인 등 수백여 명의 외국인들로부터 학교에 출석하지 않고도 비자를 발급하고 강의하는 교수도 없는 '사기 학교(fraud school)'였습니다. 또한 이 학교는 '가짜 졸업식을 위한 학위 수여식을 열기도 하고', '지난 이십삼 년 동안 이천 명의 졸업생을 배출'하였습니다. 유동근 목사도 그중 한 명이었던 것입니다. 기독교인으로서 해서는 안 될 이런 비양심적인 사실이 연방이민세관단속국(ICE)과 FBI 조사로 드러나 학장이 중범죄로 형사 입건되었고, 마침내 그 학교는 2009년에 폐교되었습니다.

유동근 목사는 이런 부끄러운 사실이 한국 교계에 알려질 것을 우려했는지 그 후의 자신의 약력 소개에는 California Union University(M.Div)라는 기록은 뺐습니다. 그 대신에 미국 Pacific Theological Seminary에서 Th.M., D.D 과정을 이수했다고 주장합니다. 그러나 이 역시 그가 한국에 거주하면서 (2002년 말부터 이 학교의 한국 분교를 운영하면서) 졸업한 것이어서 정상적인 신학대학원 과정을 거쳤다고 보기는 어려운 면이 있습니다.

특히 그는 자신이 운영하는 두란노 아카데미 학장 인사말에서, "퍼시픽대학에는 2002년부터 팔 년 동안 매 여름 학기마다 가서 강의를 했습니다. 퍼시픽대학 부학장을 역임했습니다."라고 주장하고 있습니다. 그렇다면 언제 그 학교에서 학생으로 공부했고, 언제 같은 학교에서 교수로 강의했다는 말입니까? 또한 자신이 공부했다는 학교의 부학장이었다는 말은 또 무엇입니까? 유동근 목사는 지금 정상적인 신학대학원에서는 도저히 있을 수 없는 주장을 하고 있습니다.

참고로, 제가 2010년 12월 9일에 확보한 위 Pacific Theological Seminary 학교 교수진 소개에 따르면, 총 여덟 명 중 두 명이 위 California Union University 출신이고, 무려 네 명이 훼이스 루터란 신학교 출신입니다. 그 외 한 명은 풀러 신학교이고, 퍼시픽 신학대학 대학원장인 나머지 한 명은 캐나다 리전트 신학대학원 출신입니다. 또한 학교 소개란에는 이렇게 되어 있습니다.

"퍼시픽 신학대학은 1978년 타코마 소재 Faith Evangelical Lutheran Seminary의 한국부로 시작하였다. 1988년 9월 1일부터 본교는 훼이스 복음주의 루터라는 신학교로부터 분리되어 독립학교가 되었다. 본교는 실천신학, 조직신학, 역사신학, 성서신학 그리고 선교신학 전 분야에 걸쳐 과목을 교육하고 있다. 현재 백여 명의 학생들이 수학하는 본 신학교는 훼드럴웨이 본교(31063 Military Rd. S. Aubum, WA 98001)와 린우드, 하와이 그리고 한국 사이버 분교가 있으며, 현재까지 삼백여 명에 이르는 졸업생을 배출하였고, 서북미 지역 한인 교회에서 많은 졸업생들이 사역하고 있다. 본교는 2000년 퍼시픽 연합 신학대학에서 퍼시픽 신학대학(Pacific Theology Seminary)으로 명칭을 변경하여 현재에 이르고 있다."

위와 같은 상황에서 유동근 목사는 도대체 언제 어디서 어떤 과정을 거쳐 목사가 되는 필수 코스인 M.Div과정을 거쳤다는 말인지 구체적인 설명을 요청합니다. 저는 본인의 해명을 들은 후에 '졸업생 주소록' 등 제가 확보한 자료를 토대로 추가 의혹을 제기할지 여부를 결정할 것입니다.

현재 상태로는 유 목사의 석사 과정 이수에 심각한 문제가 있어 보입니다. 또한 위 Pacific Theology Seminary는 학교 도서관 장서나 강사진의 학력 등을 감안할 때 유동근 목사가 받았다는 철학 박사 학위(PhD)를 수여할 자격도 없어 보입니다. 이 점은 다음 글에서 좀 더 자세히 다룰 것입니다.

박사

누가 철학 박사(PhD) 학위가 있다고 하면 그를 존경하고 그의 말을 더 신뢰하게 됩니다. 왜냐하면 그런 학위를 받는 시간도 길고 학문적인 수련 과정도 만만치 않기 때문입니다. 따라서 유동근 목사가 미국에 있는 신학교에서 PhD를 받았다면, 그가 상당한 시간과 돈과 에너지를 쏟아서 그런 학문적인 성취를 했다고 생각할 것입니다.

그런데 사실 그는 이십 년 이상을 지방 교회 측에서 생활했고, 자기 교회를 개척해서 나간 후에는 척박한 환경에 적응하는 과정에서 여러 지방을 전전하느라고 미국에 유학한 사실 자체가 없습니다. 즉 그는 미국에 가지 않고 '유령 신학교'에서 신학 석사인 M.Div를(앞의 글 참조), 군소 신학교에서 철학 박사인 PhD를 받았다고 주장하는 것입니다.

아래에서 살펴보겠지만 이것이 얼마나 현실성 없는 황당한 말인지는 철학 박사 학위 취득 과정을 제대로 아는 사람들은 금방 눈치챌 것입니다.

첫째, 목사가 되기 위해 꼭 필요한 M.Div 과정은 통상 삼 년 정도이고 그 안에 80-90학점 정도를 이수해야 합니다. 그런데 유동근 목사는 미국 캘리포니아주 유니온신학교(California Union University)라는 '강의하는 교수도 없는 사기 학교'에서 이 과정을 '이수'했습니다. 그는 또 자신이 미국 Pacific Theological Seminary에서 Th.M을 받았다고 하지만, 이 역시 현지에 가서 최소한 일 년은 체류해야 가능한 학위입니다. 또한 미국의 경우 PhD 학위 과정은 (1) 2-3년의 코스웍(Course Work), (2) 언어 시험, (3) 전공 전반에 대한 시험인 Comprehensive Exam, Prospectus, (4) 논문 작성 및 통과로 이루어집니다. 이것 역시 관련 도서들을 참고할 수 있는 도서관이 있는 현지에 가서 5년에서 8년 정도 체류해야 가능합니다.

그런데 제가 2010년 12월 8일에 출력한 자료에 따르면, 유동근 목사 등 십여 명은 2002년 말에 '미국의 퍼시픽신학교와 연결하여' 그다음 해부터 사이버 시스템으로 '신학 공부를 시작했다'고 합니다. 또한 이 자료는 2006년 5월에 '퍼시픽 신학대학에서 유동근 목사님 신학 박사 학위 취득'이라고 적었습니다. 그렇다면 유동근 목사는 한국에 머물며 자기 사역을 하는 삼 년 남짓 동안 미국 신학교로부터 신학 석사와 철학 박사 학위까지 받은 것입니다. 상식적으로 말이 안 됩니다.

둘째, 모든 미국 신학교에 PhD 과정이 있는 것이 아닙니다. 보통은 규모가 작고, 교수진의 숫자가 충분하지 않아서 PhD 과정을 운영하지 않습니다. 따라서 퍼시픽 신학대학 같은 군소 신학교는 교수진 여덟 명의 학력 그리고 박사 과정에 참고할 도서들이 비치된 도서관 확보 등을 감안할 때 PhD 과정 개설 자체가 불가능합니다.

그래서 그런지 유동근 목사는 위 서울선교교회 홈페이지 소개 (12/8/2010)와 달리, 아래와 같이 자신이 '퍼시픽 신학대학'이 아닌 '워싱턴 신학대학원'에서 신학 박사 학위를 받았다고 적고 있습니다. "퍼시픽 신학대학에서 명예 신학 박사, 워싱턴 신학대학교에서 신학 박사 학위를 받았습니다. 퍼시픽대학에는 2002년부터 8년 동안 매 여름 학기마다 가서 강의를 했습니다."(두란노 선교

아카데미 학장 인사말 참조) 그렇다면 위 두 대학이 같아도 문제이고, 달라도 문제입니다.

셋째, 참고로 미국에서 유동근 목사가 받았다는 철학 박사 학위(PhD)를 받으려면 최소한 다음과 같은 서류들이 필요합니다. 입학 신청서/ 각종 추천서/ 이전에 다녔던 학교 성적/ Writing Sample/ Personal Essay/ Statement of Purpose/ 이력서/ 토플 성적/ GRE 성적. 그런데 유동근 목사는 캘리포니아주 유니온 신학교라는 목회학 석사 과정부터 가짜이므로 위 요건을 갖추었을 리가 없습니다(미국 신학교에서 석박사를 받는 것이 어떤 것인지는 아래 자료를 참조 바람).

https://biblicalstudies.tistory.com/6 (미국 신학교 석사 과정 선택)
https://biblicalstudies.tistory.com/7 (박사 과정 안내 1)
https://biblicalstudies.tistory.com/8 (박사 과정 안내 2)

위와 같은 정황을 볼 때, 유동근 목사가 받았다는 철학 박사 학위(PhD)는 가짜이거나 심각한 하자가 있는 것임을 추정해 볼 수 있습니다. 이 점에 대해서 공인인 유동근 목사는 솔직하게 해명해야 할 의무가 있습니다. 만일 조금이라도 양심에 거리낌이 있으면 자신이 쓴 책 저자의 학력 소개나 유튜브 등에서 자신이 PhD라는 말을 삭제해야 합니다.

한국에서 한때 유명 인사들이 학력을 속인 것이 발각되어 큰 사회 문제가 된 적이 있습니다. 이것을 통해 학력 위조 혹은 사칭에 대한 한국 사회의 도덕적 잣대가 전보다 더 높아졌습니다. 따라서 주님의 종을 자처하는 목사들은 이 방면에서 더욱 엄격한 기준을 스스로에게 적용하는 것이 맞습니다. 특히 자기는 거짓말을 제일 싫어한다는 유동근 목사는 더욱 그러해야 할 것입니다.

참고로 유동근 목사가 친하다고 자주 거론하는 최 모 목사는 실제로 미국 유학을 했지만 학위를 받지 못했기에, 자기 소개 학력란에 '미국 Fuller 신학교 석사(Th.M) 코스 연수', '샌프란시스코 신학대학 목회학 박사 과정 이수'라고 적습니다. 또한 어디에서도 자신을 신학 박사라고 말하지 않습니다.

저는 유동근 목사가 이번 기회에 명백한 가짜로 밝혀진 California Union University M.Div 졸업 주장에 대해 회개하기를 촉구합니다. 또한 그 외에 자신이 미국 신학교에서 받았다는 석사, 박사 학위들에 대해서 관련 증빙 자료들과 함께 공개 해명 해 줄 것을 거듭 요청합니다. 솔직한 해명 여부를 지켜본 후에, 좀 더 구체적인 내용으로 후속 글을 쓸 것인지를 주님 앞에서 고려해 보겠습니다.

부록 7-1

미국 국회 의사록 —
워치만 니의 공로를 치하하여

부록 7-1

미국 국회 의사록

제 111차 회의와 토론 첫 번째 시간

제155권 워싱턴 2009년 7월 30일 목요일   No. 117

하원(House of Representatives)

워치만 니의 공로를 치하하여

뉴저지의 스미스 의원(Mr. Smith)

하원 의장님, 나는 오늘 중국 기독교의 위대한 개척자인 워치만 니의 위대한 영적인 업적을 밝히기 위해 일어섰습니다.

'크리스챤니티 투데이'지는 최근에 워치만 니를 20세기에 가장 영향력 있는 그리스도인 100인 중 한 사람으로 추대했습니다. 워치만 니는 삼십 년 전에 죽었지만, 그의 생애와 일은 중국에 있는 수많은 개신교 그리스도인들에게 지속적으로 영향을 주고 있습니다. 오늘날 미국에 있는 수백 개의 교회들을 포함하여 중국 밖에 있는 삼천 곳 이상의 교회들이 그를 그들의 영적이고 신학적인 창시자 중 한 사람으로 우러러보고 있습니다.

워치만 니는 내가 그의 생애에 대한 간략한 요약에서 본 바에 의하면, 매우 헌신적이고 활동적인 사람이었습니다. 그는 1922년에 그리스도인이 되었습니다. 1930년대에 그는 유럽과 북미로 여행을 하여 거기에서 많은 설교를 하고 말씀을 전했으며, 후에 그의 설교들은 수집되어 책으로 출간되기도 했습니다. 1940년대 말에 니(Nee)는 중국인 그리스도인으로서 가장 영향력 있는 저술가, 전도자, 교회 설립자가 되었습니다. 1952년에 중국 정부는 니와 다른 많은 그리스도인 지도자들을 그들의 신앙을 이유로 투옥하였습니다. 니는 결코 석방되지 못했지만, 1960년대와 1970년대에 그의 여러 책들은 특히 미국에서 계속해서 영향력을 갖고 유명하게 되었으며, 가장 잘 알려진 그의 책인 〈정상적인 그리스도인의 생활(The Normal Christian Life)〉은 세계적으로 백만 부 이상이 팔려 20세기의 그리스도인의 고전이 되었습니다.

1972년에 그는 강제 노동을 하는 농장에서 71세의 나이로 죽었습니다. 그가 남긴 몇 안 되는 편지들은 그가 끝까지 하나님께 신실했다는 것을 확증합니다.

하원 의장님, 중국에는 일억 명 이상의 그리스도인들이 있는 것으로 추산되며, 그들 중 수백만의 사람들이 자신들을 워치만 니의 영적인 후예로 여기고 있습니다. 수백만이 넘는 사람들이 전 세계의 기독교에 공헌한 워치만 니에 대해 자부심을 갖고 있습니다. 그것은 그가 서양의 그리스도인들에게 영향을 준 첫 번째 중국인이었기 때문입니다. 참으로 그는 세계적인 영적 문화에 공헌한 사람입니다. 워치만 니의 글들이, 서양에 있는 그리스도인들의 새 세대에 의해 새롭게 발견되고 있는데도, 중국에서 공식적으로 금지된 것은 슬픈 일입니다. 나는 중국에서 워치만 니의 전집들이 자유롭게 출간되고 배포되기를 희망합니다.

워치만 니가 죽은 후에 그의 둘째 처형의 손녀는 그의 몇 안 되는 유품을 수집하러 갔다가, 간수에게서 니의 침대에서 발견한 종이쪽지를 받았습니다. 그 종이쪽지에 적혀 있는 것은 워치만 니의 유언이라고 할 수 있을 것입니다. "하나님의 아들 그리스도는 사람의 죄를 속량하기 위해 죽으시고 삼 일 만에 부활하셨다. 이것은 우주 가운데 가장 놀라운 사실이다. 나는 그리스도를 믿음으로 죽노라. 워치만 니."

주(註) : 미국 크리스챤 국회 의원들 중 일부는 중국 본토에서 성도들이 박해를 받고 있는 것에 대해 동정하며 가능한 도움을 주기를 갈망하고 있습니다. 그분들 중 상당수가 워치만 니를 잘 알고 있고, 그의 삶과 저술들이 본인들의 초기 그리스도인의 생활에 지대한 영향을 준 것에 대하여 깊이 감사하고 있습니다.
이 자료는 그러한 배경 가운데 주님의 주권적인 안배로 '크리스챠니티 투데이(Christianity Today)'지가 워치만 니를 20세기의 가장 영향력 있는 그리스도인 100인 중 한 사람으로 추대한 것을 계기로 나오게 된 첫 번째 것입니다. 미국 국회 의사록에 올려진 것은 매우 공신력이 있고 영향력이 있는 것입니다. 미국 국회에서 워치만 니를 소개하도록 한 것은 전적으로 주님의 주권입니다. 아멘.

부록 7-2

미국 국회 의사록 —
워치만 니와 위트니스 리

부록 7-2

미국 국회 의사록

제 113차 회의와 토론 두 번째 시간

제160권 워싱턴 2014년 4월 29일 화요일 No. 62

하원(House of Representatives)

워치만 니와 위트니스 리

HON. JOSEPH R. PITTS
OF PENNSYLVANIA
IN THE HOUSE OF REPRESENTATIVES

하원 의장님, 약 사 년 전에 존경하는 저의 동료 의원이신 뉴저지주의 크리스 스미스(Chris Smith) 의원께서 이 의사당 안에서 20세기의 위대한 그리스도인들 중 한 사람이자 저명한 중국인 성경 교사요 교회 설립자였던 워치만 니에 대한 지대한 관심을 표명하신 바 있습니다. 오늘 저는 워치만 니의 가장 가까운 동역자였던 위트니스 리에 대한 존경을 표시함으로써 이 감명 깊은 이야기의 나머지를 마무리하고자 합니다. 그 두 분은 1932년부터 시작하여 마오쩌둥 휘하의 공산군에 의해 중국 본토가 점령된 1949년까지, 중국에서 함께 지칠 줄 모르게 수고

했습니다. 오늘날 워치만 니에 관한 이야기는 기독교 안에서 고전(古典)이 된 〈정상적인 그리스도인의 생활〉, 〈좌행참〉과 같은 다수의 저서들로 인해 어느 정도 잘 알려져 있습니다. 그는 1972년에 중국 집단 농장에서 순교함으로써 사람들에게 영감을 주는 자신의 일생을 훌륭하게 마감했습니다.

위트니스 리에 관한 이야기는 서양 세계에 많이 알려지지 않았지만 그 중요성은 결코 덜하지 않습니다. 그들이 중국에서 함께 수고할 때는 워치만 니가 분명한 인도자였지만, 그들의 사역을 중국 밖에서도 보존하고 지속시킨 것과 중국어권을 넘어서까지 그 사역을 확산시키는 일은 위트니스 리에게 남겨졌습니다. 1949년에 중국 내에서 공산주의자들이 우세하게 될 것이 분명해지자, 워치만 니는 대만과 동아시아 지역에서 그들의 사역을 수행하도록 위트니스 리에게 이주할 것을 강권했습니다. 위트니스 리는 이에 동의했습니다. 그 이후에 전개된 모습들은 워치만 니의 통찰력이 옳았음을 보여 주었을 뿐 아니라(워치만 니는 그 후 바로 투옥되었고 그와 위트니스 리의 사역에 의해 세워진 교회들은 지하로 숨어들 수밖에 없었음), 그들의 메시지와 사역이 중국을 넘어서 훨씬 더 먼 곳까지 뻗어 갈 잠재력을 가지고 있었음도 확증해 주었습니다.

곧바로 위트니스 리의 사역은 대만에 깊은 영향력을 미치기 시작했습니다. 수만 명이 예수 그리스도께 회심하여 구원받았고 그들의 중국인 형제들이 지난 이십여 년 동안 중국에서 해 왔던 것처럼, 그들은 신약의 교회들로서 단순한 모임을 시작했습니다. 오늘날 대만에는 이백 곳 이상의 지방들에 그러한 교회들이 있으며 이십만 명 이상의 성도들이 있습니다. 동아시아 지역과 오스트랄라시아, 즉 필리핀, 인도네시아, 말레이시아, 싱가포르, 일본, 한국, 뉴질랜드와 호주에 세워진 교회들에서도 비슷한 상황이 발생하였습니다.

위트니스 리는 자신의 사역을 아시아에만 국한시키지 않았습니다. 1962년에 그는 북미로 왔고 로스앤젤레스에서부터 사역을 시작하였으며, 그곳에 영어와 오십 개 이상의 다른 언어로 워치만 니와 위트니스 리의 저서들을 출판하는 리빙 스트림 미니스트리를 세웠습니다. 위트니스 리의 말씀 전파와 저술은 '생명이신 그리스도'를 강조했으며, 어떤 민족이나 문화적인 차이라는 기초 위에서가 아니라 하나님의 사람들의 하나 됨에 기초하여 '그분의 교회를 건축'하시려는 하나님의 갈망을 지속적으로 강조했습니다. 이러한 메시지는 자신의 영적 조언자였던 워치만 니에게서 배운 것과 동일한 것이었습니다. 1960년대 초반부터 위트니스 리의 사역 아래 있는 지방 교회들이 북미와 남미, 유럽과 아프리카 전역으로 확산되었다는 것은 주목할 만한 일입니다. 사람이 거주하는 모든 대륙에 사천 곳 이상의 교회들과 사십만 명 이상의 믿는 이들이 모임을 갖고 있으며, 여기에는 러시아와 러시아어권에 있는 이백여 곳의 교회들과 수천 명의 믿는 이들도 포함됩니다.

중국 본토 내부에서 워치만 니와 위트니스 리를 따르는 '숨겨진' 믿는 이들의 숫자는, 그들을 탄압하기 위해 중국 정부가 수시로 취했던 극단적인 조치와 공개적인 박해에도 불구하고 지속적으로 증가했습니다. 역사적으로, 워치만 니와 위트니스 리의 사역을 귀히 여기는 중국 내 교회들의 구성원들은 가장 가혹한 박해를 받아 왔습니다. 수천 명이 감옥에 갇혔고, 수많은 사람들이 폭행을 당했으며, 심지어 다수가 순교했습니다. 오늘날 중국 내에는 약 이백만 명의 믿는 이들과 수천 곳의 지방 교회들이 워치만 니와 위트니스 리의 사역으로부터 영적인 자양분과 공급을 받는 것으로 추산되고 있습니다.

최근에 서양에 전달된 보도에 따르면, 두 개의 성(省)에 거주하는 믿는 그리스도인들이 주석 성경인 〈회복역 성경(the Recovery Version)〉 몇 권을 소지했다는 이유만으로 투옥되었습니다. 이 주석 성경은 리빙 스트림 미니스트리 그리고 위트니스 리가 대만에 세운 출판사인 대만복음서원에서 발간한 것입니다. 오늘날 워치만 니에게는 여전히 '위험스러운 반혁명분자'라는 꼬리표가 있고, 위트니스 리는 공식적으로 '이단 지도자'라는 낙인이 찍혀 있습니다. 두 사람 모두의 저술들은 중국 내에서 금서(禁書)입니다. 워치만 니가 자신의 삶과 사역이 전 세계에 얼마나 심오한 영향을 주었는지를 전혀 알지 못한 채 중국의 한 집단 농장에서 죽음을 맞이한 것은 비극입니다.

위트니스 리가 자신의 조국에서 자신의 이름과 사역이 그토록 노골적이고 총체적인 왜곡을 당하는 상태에서 1997년에 사망한 것도 유사한 비극입니다.

중국이 사회 전반에 걸쳐 세계 무대에서 현저한 역할을 감당하고 있는 이 시점에, 국제 사회에서 자신의 명성을 더 개선할 수 있는 명백한 기회를 놓치고 있다는 것은 전혀 뜻밖의 일입니다.

중국은 신실한 하나님의 사람들인 두 분의 이름을 비방하기보다는, 그들의 메시지나 양 떼를 인도함에 있어서 전혀 정치색이 없으면서도 중국어 언어권을 훨씬 넘어서까지 지대한 영향력을 끼쳐 온 자국민 두 사람에 대해 국가적인 긍지를 가져야 합니다.

　　하원 의장님, 저는 오늘 중국 정부에게 다음과 같이 요청하고자 합니다. 중국 정부는 단지 그리스도를 믿는 신앙 때문에 갇혀 있는 모든 이들을 석방해야 하며, 구원과 용서와 화평의 메시지를 갖고 오셨던 분을 용감히 따랐던 두 사람에 대한 기록을 악평하고 왜곡하려는 이러한 국가적인 캠페인을 포기하고 오히려 우리와 함께 전 세계의 믿는 이들에게 기여한 워치만 니와 위트니스 리의 공헌을 축하해야 합니다.